이런 직업 어때?

# 미술이 좋다면 이런 직업!

글 수지 호지 | 그림 엘리스 게이넷 | 옮김 정정혜

# 차례

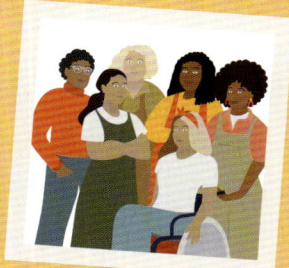

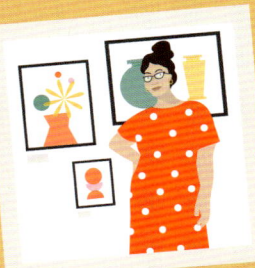

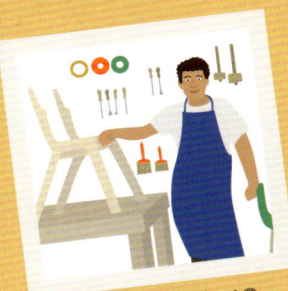

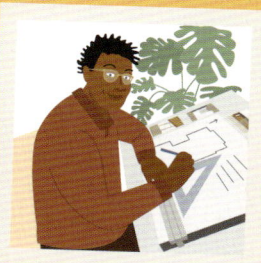

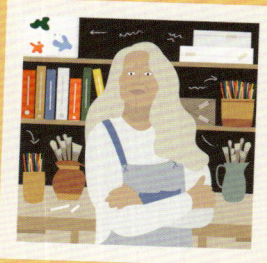

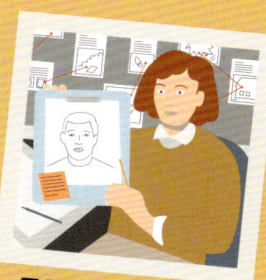

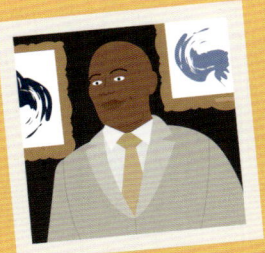

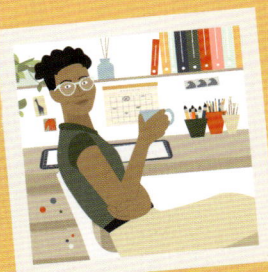

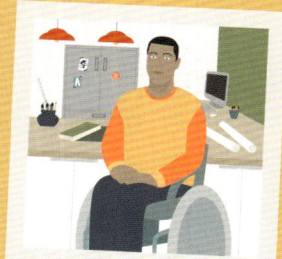

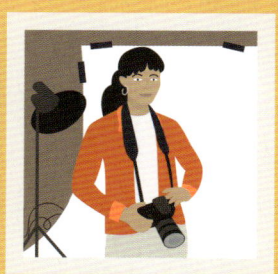

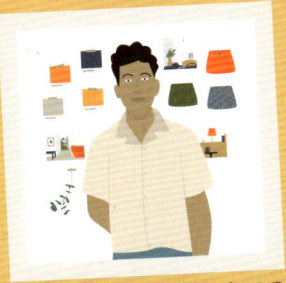

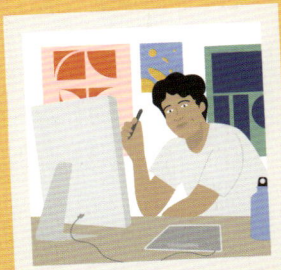

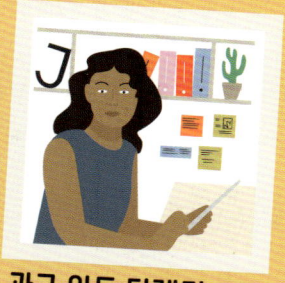

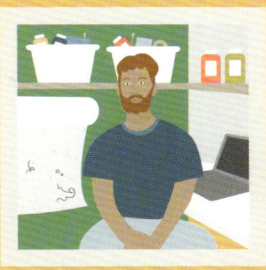

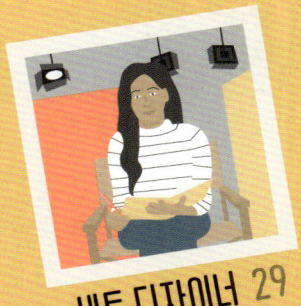

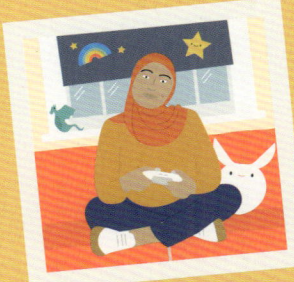

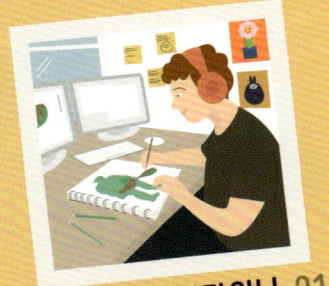

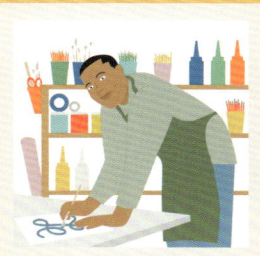

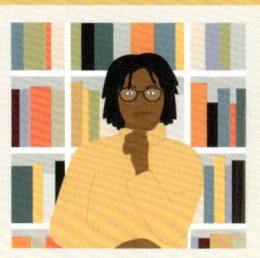

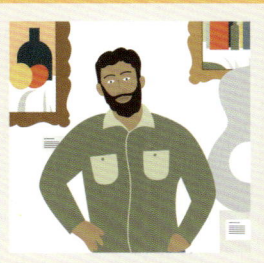

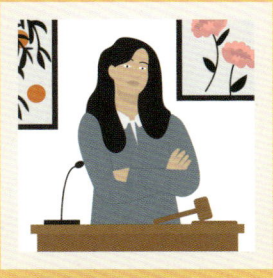

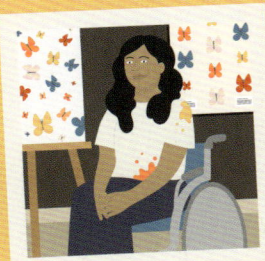

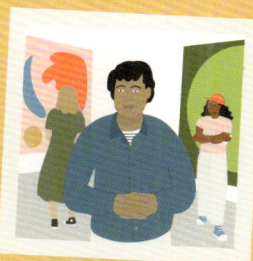

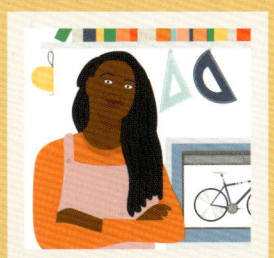

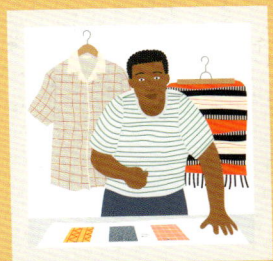

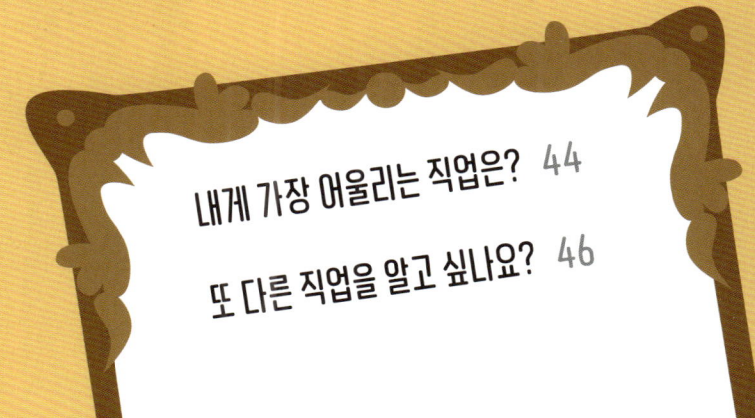

# 미술을 좋아하는 친구들에게

## 미술과 관련된 직업을 가지려면 어떤 자질과 능력이 필요할까요?

미술과 관련된 직업은
아주 많아요.
그중에는 잘 알려지지 않은
직업들도 많아요.

미술을 좋아하나요? 멋진 미술 작품을 다루거나 나만의 작품을 만들고 싶나요? 미술에 관심이나 재능이 있다면 선택할 수 있는 직업은 무척 많아요.

집을 설계하는 일부터 비디오 게임을 만드는 일까지 다양한 분야에서 일할 수 있어요. 각각의 직업은 각기 다른 능력과 기술을 필요로 해요. 미술품 범죄 수사관은 호기심이 많고 관찰력이 좋아야 해요. 건축가는 계획을 잘 세워야 하고, 미술 교사는 사람들과 잘 소통할 줄 알아야 해요.

미술 관련 일을 하는 사람이라면 누구나 가지고 있는 것도 있어요. 작은 것까지 살피는 섬세함, 새로운 무언가를 시도하는 것을 즐기는 마음, 미술에 대한 열정 같은 것이죠.

게임 기획자나 광고 아트 디렉터 같은 직업은 팀의 일원으로서 여러 사람과 조화롭게 일하는 것이 중요해요. 반면에 어린이책 삽화가나 예술가 같은 직업은 혼자 일하는 것을 좋아하는 사람들에게 맞답니다.

어떤 직업이든 다른 사람과 의사소통을 잘하는 것은 중요해요. 상황에 따라 여러 가지 결정을 내려야 하고 자기 생각을 분명하게 표현해야 해요. 만약 무언가를 창조하는 일을 한다면, 자기 작품에 대해 사람들이 좋은 쪽이든 나쁜 쪽이든 다른 생각과 느낌을 가질 수 있다는 걸 이해하는 것이 중요해요. 다른 사람의 의견에 귀 기울일 줄도 알아야 하죠.

**이 글의 내용이 흥미롭게 느껴진다면, 미술과 관련된 일을 하기에 어울리는 사람일 거예요.**

이 책은 미술과 관련된 다양한 직업을 소개해요. 각기 다른 직업을 가진 사람들의 하루를 살펴보며, 주로 어떤 일을 하는지, 어떻게 그 직업을 가질 수 있는지, 그 직업을 위해 어떤 능력과 지식이 필요한지 등을 배울 수 있어요. 그 밖에 흥미로운 사실도 알 수 있어요. 미술품 경매사로 일할 때 어려운 점(힌트: 소리와 관련 있음) 같은 것들 말이죠.

책에 소개된 모든 직업을 살펴봤다면 44쪽으로 가서 자신에게 맞는 직업을 찾아봐요. 다른 직업을 더 알고 싶다면 46쪽으로!

# 예술가

우리는 예술 작품을 만들어요. 꿈을 이루었죠. 우리 모두 자신이 하는 일을 사랑하지만 성공하려면 열정과 끈기, 재능이 필요해요.

## 풍경화가

대학에서 미술을 전공하면서 풍경화를 공부했어요. 사람들은 좋아하는 장소의 풍경을 그려 달라고 제게 작업을 의뢰해요. 풍경화를 그릴 때는 먼저 스케치북에 전체적인 풍경을 대략 그려요. 풍경을 어떤 구도로 어떻게 구성할지 정하는 거죠. 그러고 나서 종이에 스케치를 옮기고 채색할 준비를 해요. 채색할 때 주로 수채화 물감을 사용하는데 그림이 빨리 말라요. 실내나 야외 어디서든 사용하기 편하죠. 저는 소셜 미디어를 통해 그림을 홍보하고 판매해요. 쉽지 않은 과정이지만, 그래도 언제나 창의적으로 일할 수 있는 이 직업을 사랑해요.

## 조각가

고등학교를 졸업한 뒤 대학에서 조각을 전공했어요. 지금은 대리석 같은 딱딱한 재료를 조각해서 멋진 작품을 만들어요. 조각 작품을 만들 때는 먼저 만들고 싶은 작품을 그림으로 그리고 찰흙으로 작게 만들어 봐요. 그런 다음 전동 공구를 이용해 실제 조각할 재료를 원하는 모양으로 대략 다듬어요. 그리고 망치나 끌(날카로운 금속 날이 달려 있어 조각할 때 쓰는 도구)을 이용해서 섬세하게 모양을 만들어 가요. 이때 정말 조심해야 해요. 만약 잘못 잘라 내면 되돌릴 수가 없거든요! 조각은 상상력, 힘, 기술, 섬세함이 모두 필요한 작업이랍니다.

## 초상화가

대학에서 미술을 전공하면서 제가 가장 좋아하는 일이 사람을 그리는 거라는 걸 알게 되었어요. 보통 모델과 작업을 하지만 때로는 사진을 보고 그리기도 해요. 저는 유화 물감을 사용하는데, 마르는 데 오래 걸리기 때문에 마르기 전에 형태를 바꿀 수도 있고 마른 후 다른 색을 덧입힐 수도 있어요. 초상화를 그릴 때는 캔버스에 목탄으로 스케치하고 채색을 해요. 저는 온라인 상점에서 초상화를 판매하고, 사람들이 구매할 수 있도록 갤러리에 작품을 전시하기도 해요.

# 도예가

도자기를 만드는 도예가예요. 다른 도예가의 공방에서 일을 배우기 시작했는데, 지금은 항아리와 꽃병을 만드는 저만의 공방을 갖게 되었죠. 도자기를 만들 때는 물레를 사용해요. 물레의 넓고 둥근 판 위에 점토를 올리고, 판을 회전시키며 도자기 모양을 만들어요. 그런 다음 건조시키고 뜨거운 가마에서 구워요. 그 후 도자기에 색을 칠하거나 무늬를 새기고 유약을 발라 한 번 더 가마에서 구우면 완성이에요.

# 실크스크린 전문가

대학에서 미술을 전공하며 실크스크린을 배웠고, 지금은 제 스튜디오에서 실크스크린 작품을 만들고 있어요. 실크스크린의 방법은 다양한데, 가장 간단한 방법을 소개할게요. 먼저 실크판을 만들어요. 네모난 나무틀에 샤(실크스크린에 쓰이는 고운 천)를 펼쳐 빳빳하게 고정시켜요. 종이에 도안을 그리고 오려 낸 다음, 실크판에 도안을 붙여요. 인쇄할 종이 위에 실크판을 올려놓고 잉크를 짠 다음 스퀴지를 이용해서 펴 줘요. 잉크가 샤의 구멍을 통과해서 종이 위에 그림이 찍히면 완성이에요. 제 작품은 개인에게 팔기도 하고, 회사의 포스터로 쓰이기도 해요.

# 벽화가

어릴 때 지역 벽화 프로젝트에 참여한 적이 있는데 그때 벽화의 매력에 빠졌어요. 대학에서 미술을 전공한 뒤 벽화를 디자인하고 그리는 회사에 취직했어요. 저는 벽, 천장, 거대한 캔버스에 그림을 그려요. 벽화 작업을 할 때는 먼저 모눈종이에 디자인을 스케치해요. 고객의 생각과 저의 생각을 담아서요. 작게 그린 그림을 크게 그리려면 벽화를 그릴 자리에 격자무늬를 그린 다음, 한 칸씩 똑같이 그림을 그려요. 벽화가는 날씨가 춥든 덥든 야외에서 일하는 경우가 많답니다.

## 일의 장점과 단점

**장점 :** 좋아하는 일을 하며 돈을 벌고 생활할 수 있어요.

**단점 :** 사람들이 예술가의 모든 작품을 늘 좋아할 수는 없어요. 작품에 대한 감상은 사람들의 몫이죠.

# 미술관 큐레이터

저는 미술관에서 일해요. 어떤 미술품들을 어떻게 전시할지를 계획하고 실행해요. 미술관에서 전시를 하려면 정말 다양한 사람들의 도움이 필요하기 때문에 조직적으로 일하고 다른 사람들과 잘 협력해야 한답니다. 이때 미술에 대한 열정을 가지고 있다는 점이 도움이 되죠. 저는 미술사 석사 학위를 가지고 있지만 여전히 항상 공부하고 있어요.

대형 미술관에는 그림이나 조각과 같은 다양한 미술을 전공한 큐레이터 팀이 있기도 해요. 미술관 관장은 미술관이 얼마를 벌어야 하는지, 미술품에 얼마를 쓸 수 있는지 등 관리와 운영을 책임지고 있어요.

## 1

오늘 아침에는 환경과 관련된 새로운 전시를 기획하고 있어요. 사람들이 지구 환경에 미치는 영향에 대한 전시예요. 관장님에게 이 전시를 제안했어요. 요즘 많은 사람들이 환경에 관심을 갖고 있어서 인기 있는 전시가 될 거라고 생각했기 때문이죠. 관장님도 제 의견에 동의했어요. 이제 제일 먼저 해야 할 일은 전시할 미술품을 찾는 거예요.

## 2

최근에 다른 미술관에서 한 조각가의 작품을 본 적이 있어요. 그 조각가는 재활용품으로 조각 작품을 만들었는데, 이번 전시와 잘 어울릴 것 같다는 생각이 들었어요. 조각가에게 전화해서 이번 전시에 대해 설명했더니 관심을 보였어요. 정말 잘됐죠! 오늘 오후 늦게 작업실에 방문해서 조각품을 다시 살펴보기로 했어요. 이후 여러 예술가들에게 연락해서 방문 약속을 잡았어요.

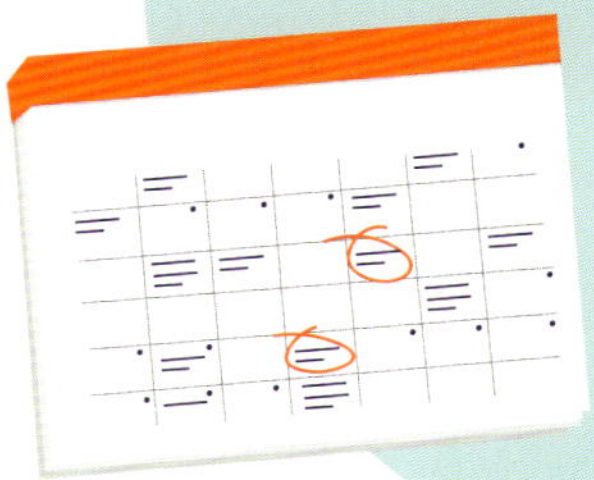

### 일의 장점과 단점

**장점 :** 많은 사람들이 미술관에 와서 예술 작품을 감상하는 것은 정말 멋진 일이에요.

**단점 :** 귀중한 미술품을 안전하게 받아 전시하고 원래 자리로 돌려보내기까지 많은 책임을 져야 해요.

## 3

인터넷을 통해 이번 전시를 후원해 줄 후원자를 찾아요. 후원자는 전시에 드는 비용을 지원해 주는 경우가 많은데 이를 통해 스스로를 홍보하기도 하죠. 후원자의 도움을 받으면 전시회 입장료를 낮출 수 있어요. 예비 후원자 목록을 작성해서 내일 관장님에게 검토해 달라고 할 거예요.

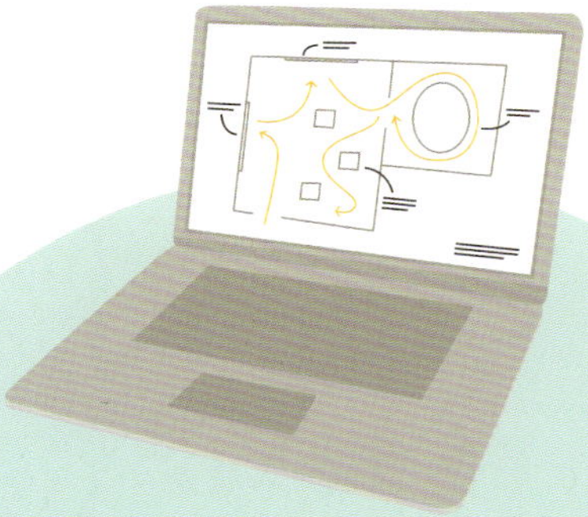

## 4

작품들을 어떻게 전시할지 계획해요. 이번 전시에 커다란 조각 작품을 몇 개 포함시키고 싶은데 고민이 좀 되네요. 관람객들이 편하게 전시실을 돌아다녀야 하니까요. 전시실의 평면도와 컴퓨터 프로그램을 이용해서 몇 개의 작품을 전시할 수 있을지 살펴봐요. 조각 작품 4개를 설치하고 그림 12개를 벽에 걸면 적당하겠어요.

## 5

오후에는 관람객들을 만나요. 큐레이터의 설명을 듣기 위해 신청한 분들이죠. 저는 관람객들을 데리고 전시실을 둘러봐요. 전시된 작품과 예술가들에 대해 열심히 설명하고, 질문에 답하고, 관람객들과 작품에 대한 감상을 나누어요.

## 6

전시 투어가 끝나고 아침에 연락했던 조각가의 작업실로 가요. 조각가는 바다에서 건진 플라스틱 병으로 만든 조각품을 보여 주었어요. 관람객들의 마음을 사로잡을 작품이라는 생각이 들어요. 조각가의 동의를 얻어 전시하기로 결정해요.

## 7

미팅이 끝나니 벌써 저녁이 되었어요. 근무 시간도 끝났네요. 집으로 가는 대신 미술 수업을 들으러 가요. 언젠가 제 그림이 미술관에 전시될 수도 있잖아요!

# 가구 제작자

가구는 우리 일상에서 빼놓을 수 없는 물건이죠. 저는 탁자, 의자, 침대, 책장 등 아름답고 유용한 가구를 디자인하고 만들어요. 목공과 가구 디자인을 배웠고 수습생으로 일했어요. 지금은 저만의 사업을 하고 있죠. 만든 가구를 상점에 팔기도 하고, 개인적으로 주문을 받아 가구를 만들기도 해요. 가구를 수리하거나 복원하는 일도 하죠.

학교 다닐 때부터 나무와 여러 재료로 뭔가를 만드는 것을 배우는 기술 과목을 좋아했어요. 가구를 만드는 일에는 정확성과 섬세함이 필요해요. 그리고 치수를 재는 일이 많아서 수학을 더 잘하게 되지요.

## 1

오늘은 아침부터 새로운 프로젝트에 열중하고 있어요. 세련된 식탁 의자를 만들어 달라는 주문을 받았거든요. 나무, 플라스틱, 금속 등 다양한 재료로 만들어진 의자들을 살펴보고 있어요. 좋은 아이디어가 떠올라서 스케치를 해요. 다리가 네 개인 밋밋한 플라스틱 의자보다는 멋진 곡선을 살린 의자를 만들어야겠어요.

## 2

마음에 드는 스케치를 그린 후, 도면을 만들어요. 도면에는 각 부분의 사이즈와 어떻게 서로 짜 맞출 수 있는지가 다 나와 있어요. 도면은 정확해야 하기 때문에 만드는 데 시간이 많이 걸려요. 각 부분의 길이와 무게를 세심하게 재서 표기해요. 하나라도 잘못되면 각 부분이 서로 맞지 않아서 의자를 완성할 수 없어요.

## 일의 장점과 단점

**장점 :** 손으로 직접 무언가를 만들다 보면 즐겁고 뿌듯한 기분을 느낄 수 있어요.

**단점 :** 가구를 만들다가 실수를 하기도 하는데 그때는 처음부터 다시 만들어야 해요.

## 3

작업실 건너편에 있는 카페로 점심을 사러 가요. 카페 주인이 제 탁자를 하나 샀는데, 사람들이 그 탁자에서 즐겁게 시간을 보내는 것을 볼 때마다 기분이 좋아요.

## 4

점심 식사를 마치고, 작업실에 도착한 서랍장을 복원해요. 사포로 문지르면 먼지나 얼룩이 사라져서 매끈해져요. 몇 시간 동안 사포질을 하고 나면 오래된 가구도 멋지게 변신하죠. 먼지로 덮여 있던, 어두운 색의 목재로 만들어진 가구가 아름답게 드러나요. 내일 서랍장 표면에 오일 처리를 한 뒤, 주인에게 돌려보낼 거예요.

## 5

다시 식탁 의자 작업을 해요. 재료비가 얼마나 드는지, 다 만드는 데 시간이 얼마나 걸릴지 등을 계산해요. 제가 들인 시간도 의자의 가격을 정하는 데 중요한 요소예요. 도면과 견적서를 고객에게 보내요. 고객이 이 의자를 마음에 들어 하고 가격도 적당하다고 생각했으면 좋겠네요.

## 6

이제 책상을 만들어요. 아주 정교한 디자인의 책상인데, 한 달 전에 시작한 작업이에요. 손톱(한 손으로 쓸 수 있는 작은 톱)과 기계톱을 사용해서 목재를 자르고 모양을 다듬을 때는 집중해야 해요. 톱밥을 들이마시지 않도록 마스크를 착용하고 보호안경도 써요.

## 7

오후 5시가 되면 일을 마무리하고 30분간 작업실을 정리하고 청소해요. 깨끗한 작업 환경을 좋아해요. 모든 물건을 제 자리에 두면 다음 날 쉽게 다시 일을 시작할 수 있죠.

## 8

집으로 가려는데 식탁 의자를 주문한 고객에게 전화가 왔어요. 의자가 마음에 드니 바로 작업을 시작해 달라고 하네요. 덕분에 하루가 완벽하게 마무리가 되었어요!

# 건축가

저는 사람이 사는 건물을 설계하는 일을 해요. 이 일을 하려면 도면 제작과 수학을 잘해야 해요. 건축가가 되려면 아주 열심히 노력해야 한답니다. 저는 대학에서 건축학을 전공하고 건축사 자격증을 땄어요. 건축 회사에서 인턴으로 일하며 현장 경험을 쌓았고 대학원에서 석사 학위도 받았어요. 여기까지 오는 데 오랜 시간이 걸렸지만, 그럴 만한 가치가 있는 시간이었죠.

건축가는
주택과 아파트뿐만 아니라
병원, 학교, 사옥 등
다양한 건물을 설계해요.

## 1

오늘 아침에는 동료 건축가와 고객을 만나 의뢰받은 주택을 어떻게 지을지에 대해 이야기를 나눠요. 고객의 의견을 바탕으로 스케치를 몇 장 준비했어요. 고객은 멋스럽고 현대적인 스타일을 원한다고 했죠. 스케치를 보며 제 아이디어를 설명해요. 세련된 하얀색 마감재와 멋진 옥상 테라스를 제안하니 고객이 좋아하네요.

## 2

미팅이 끝나고 컴퓨터로 주택을 디자인해요. 3D 모델링 프로그램을 사용해요. 다음에 고객을 만날 때는 이 모델을 통해 건물이 실제로 어떻게 지어질지 보여 줄 거예요.

## 3

담당하고 있는 몇 곳의 공사 현장을 방문해요. 자주 건설 현장에 가서 설계대로 건물이 잘 지어지고 있는지 확인한답니다. 공사를 감독하고 있는 현장 감독과 이야기를 나눠요. 아주 순조롭게 공사가 잘 진행되고 있어요.

## 4

공사 현장에서 고객을 만나요. 지금 건물의 로비를 만드는 중이라서 로비를 함께 둘러봐요. 앞으로의 공사 과정과 일정 등 전체적인 진행 상황을 설명해요. 고객이 건축 과정을 잘 이해하도록 설명하는 것도 제가 할 일이에요.

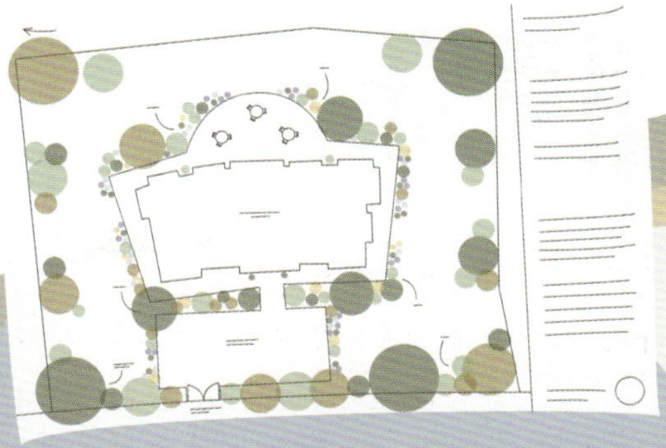

## 5

사무실로 돌아와서 조경사와 회의를 해요. 지금 짓고 있는 아파트의 정원 디자인을 마무리하는 중이에요. 아름다운 나무들을 많이 심을 거예요. 정말 멋진 정원이 만들어질 것 같아요!

### 건축학을 전공하면?

대학에서 건축학을 전공하면 건축가 이외에도 다양한 직업을 선택할 수 있어요. 건설공사품질관리원은 건설 설계도와 건설 재료의 안전성을 검토하고 건설 현장이 건물을 짓기에 적합한지 검사해서 부실 공사를 예방하는 일을 해요. 측량사는 땅의 형태와 위치, 면적 등을 측량하는 일을 해요. 이 밖에 리모델링 컨설턴트, 건축전기설비기술사 등 여러 직업이 있어요.

## 6

일을 마치고 집으로 가요. 취미 생활을 할 수 있는 시간이죠. 살고 싶은 집을 상상하며 모형을 만드는 게 제 취미랍니다!

### 일의 장점과 단점

**장점 :** 직접 그린 그림 속에 있던 건물로 걸어 들어가는 기분은 정말 놀랍고 짜릿해요!

**단점 :** 어떤 고객은 원하는 집의 형태를 자꾸 바꾸는데, 이런 고객을 상대하는 건 상당히 까다로운 일이에요.

# 미술 교사

고등학교 미술 교사로 일하고 있어요. 학생들에게 소묘, 수채화, 도자기 공예 등 다양한 미술 기법을 가르쳐요. 미술 교사가 되기 위해 대학에서 미술 교육을 전공하고 교사 자격증을 땄어요. 학생들과 수업을 하며 미술 작품을 만드는 게 좋아요. 아이들이 만든 멋진 작품을 보면 성취감을 느끼죠.

미술 교사는 학교, 학원, 문화 센터 등에서 일해요. 프리랜서로 미술 수업을 진행하기도 해요. 성인을 위한 미술 강좌나 어린이를 위한 미술 캠프 등 다양한 형태로 말이죠.

## 1

수업을 시작하기 전에 부족한 것이 없는지 미술 재료를 살펴봐요. 수채화 물감, 유화 물감, 붓, 스케치북 등이 부족하네요. 주문할 내용을 메모해요.

## 2

첫 수업을 시작해요. 이번 시간에는 토분을 만들 거예요. 찰흙을 사용하다 보면 지저분해지기 쉬워서 모두 앞치마를 입어요. 학생들에게 찰흙으로 토분 모양을 어떻게 만드는지 보여 줘요. 부드럽고 쉽게 모양을 만들기 위해 계속 찰흙에 물을 뿌리면서 작업해요. 이제는 학생들이 만들 차례예요.

### 일의 장점과 단점

**장점:** 학생들이 성장하고 자신의 재능을 꽃피우는 과정을 지켜보는 것을 좋아해요.

**단점:** 원하는 만큼 학생들과 수업할 시간이 많지 않아요. 하루 종일 미술에 집중할 수 있으면 좋을 텐데!

## 3

학생들이 멋지게 토분을 완성했어요. 수업이 끝날 때쯤 토분들을 한쪽으로 모아요. 일주일 정도 후에 토분이 모두 마르면 가마에 구울 거예요.

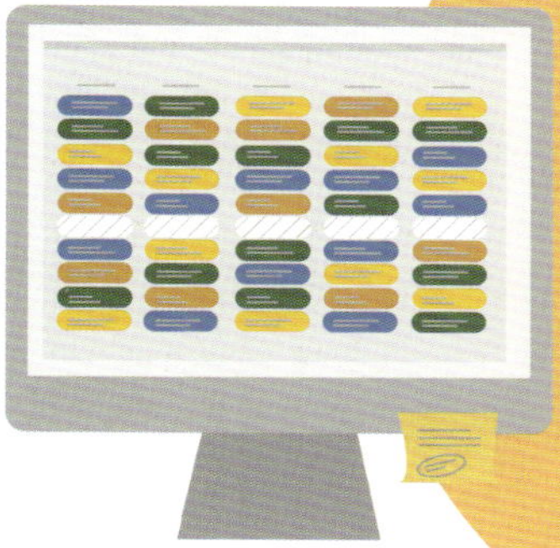

## 4

다음 수업이 없어서 수업 계획을 짜요. 아까 수업했던 반 아이들이랑은 다음 수업 때 토분에 색을 칠하고 유약을 바르는 작업을 할 거예요. 저는 학생들이 다양한 미술 기법을 익히고 미술을 즐길 수 있도록 최선을 다한답니다.

## 5

오후에는 목탄으로 자화상을 그리는 수업이 있어요. 학생들에게 각자 사진을 가져오도록 했어요. 우선 목탄으로 자화상을 그리는 모습을 보여 줘요. 목탄은 잘 번져서 명암(밝음과 어두움)을 표현하기 좋아요. 얼굴은 입체적으로 생겼기 때문에 명암을 잘 표현하는 것이 중요해요. 이제 학생들에게 자화상을 그려 보게 해요.

## 7

정규 수업은 끝났지만 아직 집에 가기에는 일러요. 일주일에 한 번씩 하는 방과 후 미술 수업이 남았거든요. 이 수업에서는 학생들이 각자 좋아하는 미술 재료를 자유롭게 고를 수 있어요. 학생들에게 영감을 주기 위해 다양한 초상화를 보여 주었어요. 그 그림을 좋아하는 학생도 있고 그렇지 않은 학생도 있어요. 하지만 모두 다 괜찮아요. 왜냐하면 그게 바로 미술이니까요!

## 6

교실을 돌아다니며 아이들과 작품에 대해 이야기를 나눠요. 한 학생이 자화상을 망친 것 같다며 실망한 표정을 짓고 있어요. 살펴보니 눈에 비해 코를 조금 크게 그렸네요. 그 점을 알려 주고 다시 그리도록 용기를 줘요. 미술은 배울 게 많은 영역이에요. 실수도 배움의 과정이라는 걸 학생들이 이해하기를 바라요.

# 몽타주 전문가

저는 목격자의 말이나 현장의 증거를 이용해서 범죄 용의자의 얼굴을 그리는 일을 해요. 간단하게라도 용의자의 얼굴을 그리는 것은 경찰이 범인을 찾아내는 데 도움이 되는 중요한 일이에요. 대학에서 미술을 전공하고 해부학과 몽타주 그리는 법을 따로 공부했어요.

몽타주 전문가 말고도 범죄와 관련된 예술가로는, 법정에서 재판에 참여한 사람들을 그리는 화가가 있답니다.

**1**

절도 사건이 일어난 현장으로 출근해요. 용의자의 얼굴을 본 이웃과 이야기를 나눠요. 범인의 모습을 묘사해 달라고 부탁해요.

**2**

목격자는 용의자의 얼굴 특징에 대해 이야기해 주지만, 세세한 사항을 전부 기억하는 것은 사실 무척 어려운 일이에요. 그래서 저는 다양한 얼굴 모양과 특징이 담겨 있는 파일을 가지고 다녀요. 목격자에게 파일에 있는 얼굴 중에서 용의자의 얼굴과 가장 닮은 얼굴을 골라 달라고 해요.

**3**

이제 목격자 옆에 앉아서, 목격자가 지목한 얼굴을 바탕으로 용의자의 얼굴을 연필로 스케치해요. 목격자에게 계속 질문을 하면서 그림을 그려요. 시간이 많이 걸리는 작업이라 중간에 점심 식사를 하기 위해 일어나요.

**4**

오후에는 아까 그리던 스케치를 완성해요. 목격자의 의견에 따라 눈썹 숱을 더 많이 그리고 몇 군데 수정해요. 목격자가 용의자 얼굴과 비슷하다고 확인해 주면 비로소 완성이에요. 목격자의 사인을 그림 뒷면에 받아요. 이 몽타주는 수배 전단지에 실려 사람들이 용의자를 찾는 데 도움을 줄 거예요.

## 일의 장점과 단점

**장점 :** 예술적 재능으로 사회에 도움이 되는 일을 할 수 있어서 뿌듯해요.

**단점 :** 범죄 피해자들과 이야기를 나누다 보면 마음이 아파요.

**5**

일을 다 끝내고 수업을 들으러 가요. 요즘, 컴퓨터 프로그램을 이용해서 몽타주를 제작하는 법을 배우고 있어요. 일에 도움이 되는 새로운 기술을 배우는 게 즐거워요.

# 미술품 범죄 수사관

저는 정부 소속 수사관으로 주로 위작과 도둑맞은 미술품 관련 조사를 맡고 있어요. 위작은 다른 사람의 작품을 똑같이 만들어 판매하는 범죄 행위를 말해요. 제 직업은 호기심과 질문이 많은 사람에게 잘 맞아요. 그리고 미술에 관심이 많고 지식도 풍부해야 해요. 범죄를 해결하려면 아주 열심히 일해야 한답니다.

대학에서 경찰행정학을 전공하고 정부 기관에 입사했어요. 늘 미술에 관심이 많았기 때문에, 몇 년 지난 다음에 미술 범죄 수사 팀에 들어가게 되었어요. 여기서 미술사와 미술 범죄 수법에 관한 교육을 받았어요.

**1**

오늘 아침에는 자신이 산 작품이 위작이라고 생각하는 사람을 만났어요. 의뢰인은 유명한 화가의 작품이라고 해서 큰돈을 주고 그림을 샀다고 해요. 그래서 지금 무척 걱정하고 있어요.

**2**

의뢰인의 집으로 가서 문제가 된 작품을 살펴봐요. 그림의 뒷면에 유명 화가의 사인이 있네요. 그런데 화가 이름의 철자가 틀렸어요! 위작범들은 가끔 이렇게 말도 안 되는 실수를 저지르기도 해요.

**3**

이제 그림의 출처를 조사해요. 과거에 그 작품을 소유했던 사람들을 알아보고 작품과 관련된 기록을 찾아봐요. 기록이 중간중간 비어 있네요. 진품인 경우 남아 있는 기록이 아주 상세하기 때문에, 이 그림은 위작일 가능성이 높아요.

**4**

더 확실한 증거를 찾기 위해 감정 기관에 그림을 의뢰해요. 감정 전문가는 현미경으로 그림을 자세히 살피고 여러 자료를 통해 그림을 분석해요. 그림이 그려진 시기와 물감이 칠해진 시기가 같은지, 저자의 사인이 맞는지 등을 면밀하게 판단하죠. 감정 결과는 며칠 후에 받을 수 있어요.

**5**

의뢰받은 작품에 대해 조사한 내용과 앞으로의 계획을 기록하며 오늘 일을 마무리해요. 다음에는 이 작품을 판매한 사람들을 만나 봐야겠어요. 수사관이라는 사실은 숨기고 말이죠. 잠입 수사는 흥미로운 경험이에요.

## 일의 장점과 단점

**장점:** 사건을 해결하기 위해 하나씩 증거를 찾아내는 과정은 큰 만족감을 줘요.

**단점:** 사건을 해결하지 못하면 좌절감을 느끼기도 해요.

# 어린이책 삽화가(일러스트레이터)

제 직업은 정말 최고예요! 저는 어린이책에 그림을 그려요. 다른 작가의 글에 그림을 그리기도 하고, 혼자서 글도 쓰고 그림도 그려서 그림책을 만들기도 해요. 어린이책 삽화가가 되는 방법은 여러 가지가 있지만, 저는 대학교에서 일러스트레이션을 배웠어요. 지금은 아늑한 작업실에서 일하고 있어요. 사실 집에 있는 작은 방이지만요.

어떤 삽화가들은 만화와 비슷한 구성을 가진 그래픽 노블을 만들어요. 그래픽 노블은 그림이 책에서 차지하는 비중이 아주 높아요.

## 1

메일을 쓰면서 일을 시작해요. 제 책을 출간하고 팔아 줄 출판사의 디자이너에게 보내는 메일이에요. 연필로 그린 스케치를 보냈더니 바로 의견을 보내 주었어요. 자, 이제 색칠할 시간이에요. 어떤 색으로 채색할지 참고 자료를 찾아봐요.

## 2

출판사 디자이너가 풀이 무성한 배경을 그리면 좋겠다고 해서 그 의견을 반영해 그림을 그려요. 연필로 그린 스케치 위로 물감을 칠해요. 초록색 배경을 색칠한 다음 호랑이를 색칠해요. 초록색 배경이 정말 멋지게 어울리네요. 디자이너의 의견 덕분에 그림이 더 멋있어졌어요.

## 3

오후에는 다음 페이지의 그림을 그려요. 여자아이 캐릭터가 나오는데 페이지마다 같은 인물로 보이게 그려야 해요. 그림 속 아이에게 생명력을 불어넣는 작업은 정말 재미있어요. 아이는 꼭 저의 어릴 때 모습 같아요!

## 4

일을 마무리하며 다음 날 사용하기 쉽게 붓과 그림 재료들을 잘 정리해요. 스토리보드를 잠깐 들여다보며 내일 무엇을 그리고 색칠할지를 정해요. 모든 그림이 완성되면 스캔해서 컴퓨터로 옮긴 다음, 출판사에 메일로 전달할 거예요. 어린이들이 제 책을 빨리 읽었으면 좋겠어요!

### 일의 장점과 단점

**장점 :** 독자들에게 편지와 메일을 받을 때면 기분이 참 좋아요!

**단점 :** 하루 종일 혼자 일을 하다 보면 외롭다는 느낌이 들기도 해요.

# 테크니컬 일러스트레이터

저는 아주 세부적인 내용을 그림으로 그리는 삽화가예요. 어떤 제품을 어떻게 사용하고, 만들거나 고치는지를 알려 주는 정보를 쉽게 이해하도록 그림으로 그리는 일을 하죠. 저는 전자 제품을 만드는 회사에서 일해요. 제 그림은 제품 사용 설명서, 포스터, 웹사이트 등에 사용돼요. 대학에서 그래픽 디자인과 일러스트레이션을 공부했고 졸업 후에는 수습직으로 일하다 정직원이 되었어요.

테크니컬 일러스트레이션은 정보를 전달하는 그림이기 때문에 최대한 정확하게 그려야 해요. 세세한 것까지 잘 살피는 안목이 있는 사람에게 잘 맞는 직업이에요.

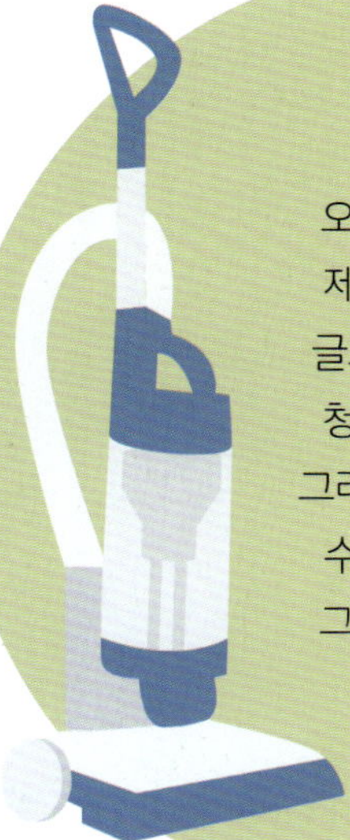

1

오늘 아침에 할 일은 청소기의 제품 이미지를 그리는 거예요. 글로 된 안내서와 청소기를 보며 청소기와 그 부속품을 정확하게 그려야 해요. 사람들이 쉽게 이해할 수 있도록 최대한 실물에 가깝게 그림을 그리는 것이 좋아요. 먼저 연필로 스케치해요.

2

스케치를 바탕으로 컴퓨터 프로그램을 이용해 보다 상세한 그림을 그려요. 어떤 각도에서 청소기의 작동 원리가 가장 잘 표현될지 생각하며 그림을 그려요.

3

오후 들어서는 믹서에 관한 자료를 읽어요. 다음에 작업할 제품이죠. 이 제품에 대해 상세하게 알아야지 다른 사람에게 사용법을 알려 줄 수 있겠죠!

4

영업부 동료와 미팅을 하면서 오늘 일을 마무리해요. 우리 회사는 곧 새로운 헤어드라이어를 출시할 예정인데, 온라인 판매를 위한 이미지를 만들어 달라는 요청을 받았어요. 저는 제 그림이 제품을 홍보하는 데에 도움이 될 때 정말 기분이 좋아요.

## 일의 장점과 단점

**장점:** 사람들이 복잡한 무언가를 이해하는 데 도움을 줄 수 있어 보람을 느껴요.

**단점:** 실수를 하면 사람들이 제품을 사용하는 데 문제가 생기기 때문에 실수를 하면 안 돼요.

# 사진작가

어린 시절부터 카메라로 사진을 찍는 것을 좋아했어요. 고등학교를 다닐 때 사진관에서 아르바이트를 했고, 대학교에서 사진을 전공했어요. 2년간 사진작가의 보조로 일하다가 독립했어요. 매일매일 창의성을 발휘해서 사진을 찍고, 세상에 둘도 없는 특별한 사진을 만들어요. 지루할 틈이 없는 제 직업이 정말 멋지다고 생각해요.

사진작가는
결혼식 사진, 신문 사진, 음식 사진,
인물 사진 등 여러 분야에서 일할 수 있어요.
사진작가는 창의적이어야 하고
사람들과 잘 소통하며 일할 줄 알아야 해요.
그리고 사진 기술과 관련된
많은 지식을 갖춰야 하죠.

1

스튜디오에 도착해서 사진 찍을 준비를 해요. 오늘 아침에 찍을 사진은 고양이 사료 광고에 사용될 사진이에요. 배경, 소품, 조명을 설치해요. 카메라 렌즈를 통해 그림자와 색감을 확인하고 조명을 조절해요.

2

오늘의 모델인 고양이와 남자아이가 도착했어요. 모델의 포즈를 다양하게 바꾸고, 소품과 조명도 바꾸어 가며 사진을 찍어요. 마음에 쏙 드는 사진이 나올 때까지 말이죠. 드디어 촬영이 끝났어요. 모델들은 이제 집으로 돌아가요. 정말 수고했어요!

3

여행사에서 우리 동네에 있는 강을 사진 찍어 달라는 의뢰를 받았어요. 동네에서 아름답기로 유명한 장소인데, 관광 안내 책자에 사진을 넣고 싶다고 해요. 카메라를 들고 강에 가서 몇 시간 동안 사진을 찍어요. 완벽한 사진을 찍을 때까지 여러 각도에서 사진을 찍어요. 다행히 오늘은 날씨가 정말 좋네요!

## 4

스튜디오로 돌아와서 카메라에 있는 사진을 컴퓨터로 옮겨요. 사진 편집 프로그램을 이용해서 사진을 보정할 차례예요. 강 주변을 산책하는 사람을 지우기도 하고 색깔을 더 밝게 보정하기도 하며 꼼꼼히 사진을 보정해요. 작은 부분까지 집중해서 잘 살펴요. 보정을 마무리하고 사진 파일을 고객에게 메일로 보내요.

## 5

남은 오후 시간에는 사진 대회에 출품할 사진을 찍어요. 크고 작은 물건들을 멋있게 배열한 뒤 정물 사진을 찍어요. 대회에서 우승하면 상금을 받을 수 있어요. 제 작품이 심사 위원들의 눈에 들기를 기대해요.

## 6

내일도 촬영 스케줄이 있어서 촬영 장비를 점검하고 소품들이 잘 준비되어 있는지 확인해요. 모델들에게 내일 오전 10시까지 스튜디오에 와야 한다고 전화를 해요.

## 7

스튜디오 문을 닫고, 근처 대학으로 가요. 초청 강사로 사진과 학생들에게 강의를 하기로 했거든요. 학생들은 카메라를 꺼내 놓고 저를 기다리고 있어요. 학생들에게 카메라 구도에 대해 설명해요. 정말 즐거운 저녁이네요. 사진에 대해 이야기하는 건 언제나 재밌어요!

### 일의 장점과 단점

**장점 :** 사진을 촬영하는 현장 분위기가 좋아요. 활기차고 흥미진진하죠!

**단점 :** 사진과 관련된 장비는 정말 비싸요. 만약 장비가 부서지기라도 하면 마음이 너무 아프죠.

# 인테리어 디자이너

대학교에서 인테리어 디자인을 공부한 뒤 작은 회사에서 일하고 있어요. 인테리어 디자이너는 집 내부를 편리하고 아름답게 꾸미는 것을 도와줘요. 고객들에게 인테리어에 대해 조언하기는 하지만, 전체 디자인에 대한 최종 선택은 고객이 해요. 저는 고객뿐만 아니라 가구 제작자, 도배와 도색 작업을 하는 전문가들과 긴밀하게 소통하며 일해요.

동시에 여러 가지 일을 신경 써야 해서 일을 체계적으로 해야 해요. 사람들과 편안하게 대화하고, 그들의 의견에 귀를 잘 기울이는 것도 중요하죠. 창의성과 풍부한 상상력도 필요한 자질이에요!

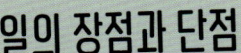

1

오늘 아침에는 고객의 집에 가서 인테리어를 살펴봐요. 거실 벽에 페인트칠을 하고 있는 작업자와 이야기를 해요. 거실이 편안한 공간이 되도록 실내를 따뜻한 주황색과 초록색 중심으로 꾸미기로 했었는데, 보기 좋네요! 제 생각이 이렇게 실제로 구현되는 것을 보면 정말 만족스러워요.

2

조명을 설치하고 있는 전기 담당자와 작업 상황을 이야기 나눠요. 일부 전선에 결함이 있어서 교체하느라 일정보다 공사가 늦어지겠다고 하네요. 고객에게 상황을 알려야겠어요. 공사 기일을 지키는 것은 무척 중요하지만, 일을 하다 보면 계획대로 되지 않는 경우가 종종 있답니다.

3

꽃병들이 도착했어요. 배송 중에 깨진 꽃병이 없는지 꼼꼼하게 살펴봐요. 다행히 깨진 건 없네요! 가구가 들어오면 꽃병들도 인테리어 계획에 맞춰 집 안 곳곳에 놓을 예정이에요.

## 일의 장점과 단점

**장점 :** 저의 창의성이 집을 아름답게 만든다는 점이 정말 마음에 들어요.

**단점 :** 가끔 고객이 동의하기 힘든 의견을 낼 때도 있지만, 늘 고객의 요구 사항을 따라야 해요. 고객이 살 집이니까요.

## 4

오후에 고객과 미팅이 있어서 사무실로 돌아와요. 지난주에는 고객의 취향을 더 잘 알아보기 위해 고객의 집에 방문했었어요. 오늘은 사무실에서 만나서 인테리어를 어떻게 할지 구체적으로 논의할 거예요. 고객이 현대적인 스타일을 원한다고 해서 미리 천 샘플, 색상 샘플, 스케치, 잘 어울릴 것 같은 가구와 조명 사진 등을 준비해 두었어요.

## 5

고객을 반갑게 맞이하고 자료를 보여 줘요. 지난번에 고객이 요리를 좋아한다고 해서 부엌 인테리어와 관련된 다양한 아이디어를 이야기해요. 밝은 빨간색과 노란색을 추천했는데 반응이 좋네요! 고객을 더 깊이 알아가는 과정은 언제나 즐거워요. 이 일을 좋아하게 만드는 점이죠.

## 6

오늘의 마지막 업무는 고객의 침실 인테리어를 위해 간단한 스케치와 도면을 만드는 일이에요. 컴퓨터를 이용해서 스케치를 하는데 측량이 정확하게 되었는지 잘 확인해야 해요.

## 7

일을 끝내고 집으로 와서 휴식을 취해요. 집은 편안함이 가장 중요하다고 생각해요. 그래서 편안함에 초점을 두고 우리 집을 디자인했어요. 우리 집 고양이도 편안한 걸 좋아해요!

# 그래픽 디자이너

어릴 때부터 그림 그리는 것과 컴퓨터, 둘 다 좋아했어요. 그래서 대학에서 그래픽 디자인을 공부하기로 결심했죠. 지금은 디자인 스튜디오에서 일하며 많은 고객과 다양한 작업을 진행하고 있어요. 웹사이트, 포장재, 포스터, 브로슈어, 브랜드, 로고 등을 디자인하는 일을 해요.

팀을 이끌며 일을 관리하는 스튜디오 매니저와 다른 디자이너들과 함께 일을 해요.

## 1

오늘 할 첫 번째 일은 공룡 영화 포스터를 제작하는 거예요. 영화 제작자들이 우리 스튜디오에 작업을 의뢰했는데, 과감하고 역동적인 디자인을 원한다고 했어요! 아이디어를 얻기 위해 오래된 영화 포스터들을 찾아봐요.

## 2

찾은 자료를 동료에게 보여 주고 의견을 나눠요. 다른 사람과 생각을 나누다 보면 새로운 아이디어가 떠오르곤 해요. 효과적인 작업 방식이죠. 대화를 나누면서 바로 스케치를 해요. 우리는 영화에 나오는 티라노사우루스를 포스터에 넣기로 했어요. 정말 멋있을 것 같아요! 잠시 뒤에 이 일을 마저 하기로 하고 다음 작업을 해요.

## 3

체육관에서 의뢰한 로고 작업을 할 시간이에요. 체육관 대표님은 사람의 움직임이 연상되는 로고를 원한다고 했어요. 다양한 색깔과 모양을 이용해 로고 시안을 만들어요. 여러 개의 로고 시안을 체육관에 메일로 보내요. 저는 그중에서 지그재그 모양의 로고가 마음에 들지만, 선택은 고객의 몫이죠.

## 4

스튜디오 매니저와 가구 가게를 운영하는 고객을 만나요. 고객은 탁자와 의자를 소개하는 새 브로슈어(광고 책자)를 의뢰하면서 제작이 되었으면 하는 일정까지 말해 주었어요. 미팅은 잘 진행됐어요. 앞으로 고객이 원하는 방향으로 브로슈어의 디자인을 잡고, 몇 주간 고객과 함께 다듬어 갈 거예요.

## 5

오후에는 아침에 하던 영화 포스터 작업을 이어서 해요. 아까 그려 놓았던 스케치를 토대로 컴퓨터 프로그램을 이용해 포스터 시안을 만들어요. 동료에게 시안을 보여 줬더니, 다 좋은데 공룡의 이빨을 조금 더 강조하는 게 좋겠다는 의견을 주네요!

## 6

오늘 마지막으로 할 일은 프레젠테이션(발표)을 하는 거예요. 전국에 지점이 있는 큰 회사를 운영하는 고객 앞에서 말이죠. 정말 긴장이 되네요! 숨을 크게 들이마시고 프레젠테이션을 시작해요. 여러 가지 웹사이트 디자인 시안을 보여 주며 설명을 해요. 다행히 디자인이 마음에 든다고 하네요. 휴! 이제 고객은 가장 마음에 드는 디자인 시안을 고르고 수정이 필요한 부분에 대해 의논할 거예요.

## 7

일을 마치고 집으로 가요. 그림을 그리는 게 직업이지만 취미이기도 해요. 집에서도 종종 그림을 그리곤 하죠.

### 일의 장점과 단점

**장점 :** 미술과 컴퓨터를 좋아하는 사람에게 완벽한 직업이죠.

**단점 :** 하루 종일 거의 컴퓨터 앞에서 일하다 보니 몸을 움직이는 시간이 적어서 목과 어깨가 아프기도 해요.

# 광고 아트 디렉터

광고가 어떻게 만들어지는지 궁금하지 않나요? 저는 그래픽 디자이너로 일을 시작해서 지금은 광고대행사에서 일하고 있어요. 신문, 잡지, 텔레비전 등에 나오는 광고를 만들죠. 창의성을 마음껏 발휘할 수 있다는 점에서 멋진 직업이죠. 하지만 모든 사람이 늘 제 아이디어를 좋아할 수는 없으니 비판을 받아들이는 마음이 꼭 필요한 직업이기도 해요.

이 직업을 갖기 위해 대학교에서 그래픽 디자인을 전공했어요. 광고 아트 디렉터는 좋은 아이디어를 떠올리고, 서체 디자인을 고르고, 광고 문안과 이미지를 정리하고, 사진작가와 삽화가를 섭외하는 등 다양한 일을 해요.

## 1

그래픽 디자이너 팀에 연락하는 것으로 업무를 시작해요. 여러 사람이 각자 맡은 분야에서 성과를 내고 그것을 확인하는 시간을 좋아해요. 어떤 어려움과 성과가 있는지에 대해 함께 이야기 나눠요.

## 2

아침에 먹는 시리얼과 관련된 광고를 검토해요. 광고는 포스터, 옥외 광고, 텔레비전, 잡지, 라디오 등 여러 매체에 적합하게 만들어요. 광고주는 시리얼 광고에 동물 캐릭터를 사용하고 싶다고 해요. 다른 시리얼 광고를 찾아본 다음, 땅돼지 캐릭터를 이용한 샘플 스케치를 그려요. 동료들에게 그림을 보여 주고 의견을 물어요.

## 3

새로운 샴푸를 홍보하는 잡지 광고를 위해 스케치를 그리며 남은 오전 시간을 보내요. 카피라이터(광고 글귀를 만드는 사람)가 이 광고에 맞는 다양한 문안을 작성하고, 함께 의논해서 짧고 강렬한 광고 문안을 완성해요. 그리고 사람들의 시선을 확 사로잡을 레이아웃(글자와 그림의 배치)도 만들어요. 샴푸통을 광고의 중앙에 배치하고, 요즘 유행하는 파스텔컬러를 사용하기로 결정해요.

## 4

오후에는 근처에 있는 사진작가의 스튜디오에서 진행되는 운동복 광고 사진 촬영 현장에 가요. 이 광고를 기획한 사람으로서 계획대로 사진 촬영이 잘 진행되는지 살펴봐요.

## 5

사진작가가 운동복을 입은 모델들의 사진을 찍어요. 모델들은 운동하는 자세를 취해요. 사진에 브랜드가 잘 보이도록 포즈를 잡도록 해요. 기획한 내용이 이렇게 현장에서 그대로 구현되는 것을 보니 저절로 미소가 지어지네요.

## 6

다시 사무실로 돌아와요. 샴푸 광고 시안을 크리에이티브 디렉터(광고 제작 국장)에게 보여 주어요. 크리에이티브 디렉터는 광고 제작물과 광고 팀 전체를 책임지고 관리하는 최고 책임자예요. 크리에이티브 디렉터는 색깔을 더 과감하게 사용하고 샴푸 이미지를 더 크게 넣으면 좋겠다고 의견을 주었어요. 그 의견대로 광고를 수정하고 광고주에게 시안을 보내요. 광고주가 마음에 들어 하면 좋겠네요.

## 7

마음에 드는 일러스트레이터가 있어서 메일로 레스토랑 광고 작업을 할 수 있는지 물어봐요. 소셜 미디어에서 그 작가의 그림을 봤어요. 야채를 그린 그림이었는데 정말 딱 원하는 스타일이었죠! 작가에게 작업할 내용을 꼼꼼히 적어 보내요. 이 일을 꼭 맡아 주었으면 하고 마음속으로 기도해요!

## 8

일을 마치고 집으로 가요. 쉬면서 잡지를 봐요. 기획했던 광고가 실려 있네요. 머릿속에 있던 생각이 이렇게 내 손 위에 있다니! 정말 멋지지 않나요?

### 일의 장점과 단점

**장점:** 사람들의 흥미를 끄는 광고를 만들어 내는 것은 도전 정신을 자극하는 멋진 일이에요.

**단점:** 많은 사람들과 함께 일하다 보니 스트레스를 받기도 해요.

# 벽지 디자이너

어릴 때부터 재미있는 그림이나 패턴을 끄적거리는 것을 좋아했어요. 대학에서 미술을 전공하고, 지금은 벽지를 만드는 회사에서 디자이너로 일하고 있어요. 많은 시간을 들여 디자인 기술과 스타일을 개발해서 만든 벽지로 예쁘게 꾸며진 실내 공간을 보면 얼마나 뿌듯한지 몰라요.

다양한 스타일의 벽지와 새로 유행하는 벽지에 대해 늘 공부해야 해요. 요즘 유행하는 벽지를 잘 알고 있는 것도 중요하지만, 참신한 벽지 디자인을 개발하고 싶은 마음도 커요!

## 1

오늘 아침 제일 먼저 할 일은 크리에이티브 디렉터에게 새로운 디자인 스케치를 보여 주는 거예요. 최신 유행 소재와 색깔, 인기 있는 영화에서 아이디어를 얻어 디자인했어요. 로봇과 관련된 텔레비전 프로그램이 방영된다는 소식을 접해서 프로그램 방영 시점에 맞춰서 아이들이 침실에 붙이고 싶어 할 만한 멋진 벽지를 만들어 보았죠. 크리에이티브 디렉터는 디자인이 마음에 든다며 한 번 만들어 보자고 하네요.

## 2

몇 시간에 걸쳐서 다양한 색깔과 크기의 로봇을 그려 봤어요. 크리에이티브 디렉터에게 보여 줬더니 은색 로봇이 가장 좋다고 하네요. 은색 로봇 디자인을 조금 더 발전시켜 봐야겠어요.

## 3

오후에는 자연에서 아이디어를 얻은 새로운 벽지 샘플이 왔어요. 출력물의 색깔과 디자인을 살펴보면서 수정할 부분이 있나 확인해요. 다 좋아 보여서, 벽지를 인쇄해 달라고 인쇄소에 메일을 보내요

## 4

오전에 그렸던 로봇을 색칠해요. 내일은 오늘 그린 그림을 스캔해서 컴퓨터로 편집할 예정이에요.

## 일의 장점과 단점

**장점:** 벽지 디자인을 할 때 자유롭게 창의성을 발휘할 수 있어요.

**단점:** 기대한 만큼 벽지가 잘 팔리지 않을 때는 몹시 실망스러워요.

# 세트 디자이너

저는 텔레비전 프로그램의 세트(촬영에 쓰기 위해 꾸민 여러 장치)를 디자인해요. 창의성을 요하는 일이고, 가끔 엄청 화려한 일처럼 느껴지기도 해요. 인기가 많은 직업이죠. 이 직업을 갖기 위해 대학에서 무대 디자인을 공부했고 현장에서 다양한 경험을 쌓았어요. 이 일을 하려면 다른 사람과 협력할 줄 알아야 하고, 스트레스를 잘 관리하며, 자신의 아이디어를 명확하게 설명할 수 있어야 해요.

이 직업은 매일이 새로워요. 자료 조사를 충분히 해서 프로그램에 맞는 세트를 만들어야 하고, 문제가 생겼을 때 미루지 말고 바로 해결해야 하는 경우가 많아요.

**1**

요즘 작업하고 있는 코미디 프로그램 세트장에 왔어요. 어제는 프로그램의 대본을 읽고 세트를 어떻게 구성할지에 대해 제작자와 감독과 의논을 했어요. 보통 세트를 만들기 전 세트의 구성과 공간을 알아보기 위해 모형을 만들어요. 모형은 제 생각을 명확하게 보여줄 수 있죠.

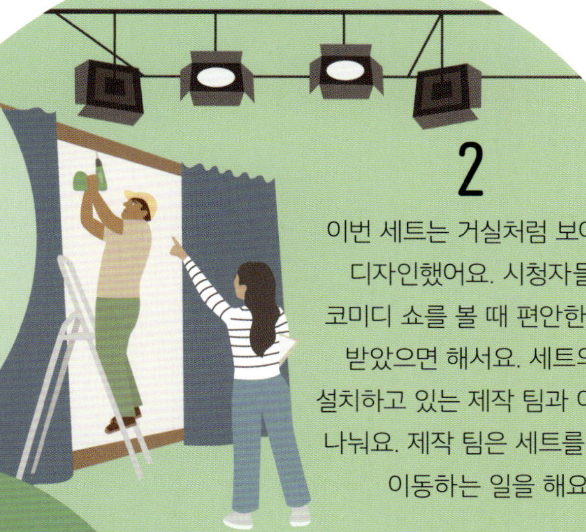

**2**

이번 세트는 거실처럼 보이게 디자인했어요. 시청자들이 코미디 쇼를 볼 때 편안한 느낌을 받았으면 해서요. 세트의 벽을 설치하고 있는 제작 팀과 이야기를 나눠요. 제작 팀은 세트를 세우고 이동하는 일을 해요.

**3**

다음으로 계단을 만들고 있는 목수와 이야기를 해요. 언제쯤 작업이 마무리될지 물어보니 일주일 정도 걸릴 것 같다고 하네요. 세트를 2주 안에 완성해야 해서 촉박하기는 하지만 마감일을 맞출 수 있을 것 같아요.

**4**

오늘 마지막으로 할 일은 여태까지 예산을 얼마나 사용했는지 확인하는 거예요. 세트를 만들 때마다 예산을 정해 놓고 비용을 꼼꼼하게 따져요. 재료비와 인건비 등에 얼마나 돈이 들었는지를 확인해요.

**5**

일을 마치고 극장에 가서 공연을 봐요. 공연은 많은 영감을 줘요. 늘 열심히 연구하고 배워야 해요.

## 일의 장점과 단점

**장점 :** 디자인한 세트가 텔레비전에서 나오면 뿌듯하고 기뻐요.

**단점 :** 마감 일정을 맞추려면 아주 늦게까지 오랜 시간 일해야 하는 경우도 있어요.

# 게임 기획자(게임 디자이너)

비디오 게임의 여러 레벨(게임 플레이어들이 차례로 통과하는 단계)을 기획하는 일을 해요. 각 레벨이 멋지고 신나고 재미있도록 설계하지요. 예술적 감각과 계획성, 컴퓨터를 활용하는 기술 등이 골고루 필요한 일이에요. 대학에서 게임학을 공부했는데 실제로 일을 하면서 더 많이 배우고 있어요.

게임 기획자는 게임의 규칙과 방식을 기획하고 설계하는 일을 해요. 전문 분야에 따라 게임의 레벨을 기획하는 레벨 디자이너, 게임 시스템을 기획하는 시스템 디자이너 등으로 구분돼요. 제 일은 문제를 분석하고 해결하는 것과 관련되어 있고, 플레이어의 입장으로 생각해 보는 게 중요해요.

## 1

오늘은 한 플랫폼 게임의 새로운 레벨을 기획하는 날이에요. 플랫폼 게임은 게임 캐릭터를 뛰거나 점프하게 해서 다른 플랫폼으로 이동시키며 적을 무찌르고 장애물을 피하는 게임이에요.

## 2

먼저 종이 위에 펜으로 생각을 간략하게 그려요. 플레이어가 재미있다고 생각할 만한 장치를 여럿 준비해서 그려 넣어요. 공간을 이동할 수 있는 사다리와 뛰어넘을 수 있는 떠다니는 벽돌 몇 개를 넣고, 점프에 실패하면 물벼락을 맞게끔 만들어요!

## 3

계획이 끝나면, 컴퓨터 프로그램으로 빠르게 디자인을 해요. 이 단계에서는 디자인이 별로 좋아 보이지 않아요. 일단 게임을 해 보고 어떻게 작동하는지 테스트를 해 봐야야 해요. 게임을 만들 때는 테스트를 정말 많이 해요. 이렇게 초기 단계부터 테스트를 거쳐야 문제가 있는지 없는지를 잘 살필 수 있어요.

## 4

오후에는 새로운 레벨에 대한 테스트를 진행해요. 첫 번째 플랫폼에서 두 번째 플랫폼으로 가는 게 너무 어렵네요. 플레이어들이 혼란스러워하겠어요. 디자인을 수정해서 두 플랫폼이 서로 가까워지게 만들어야겠어요.

## 5

컴퓨터 프로그램으로 플랫폼을 수정하고 다시 테스트를 해요. 업무 시간이 끝날 때까지 계속 테스트를 해요. 내일도 이어서 테스트를 진행해야겠어요. 디자인이 확정되면 프로그래머에게 자료를 전달하고, 프로그래머는 게임을 프로그래밍 해요. 가장 기대되는 순간이죠!

### 일의 장점과 단점

**장점 :** 게임을 하는 게 일이라니! 정말 멋지지 않나요?

**단점 :** 멋진 아이디어를 제안해도 게임으로 구현하는 게 어려울 때도 있어요.

# 게임 그래픽 디자이너

게임 그래픽 디자이너(콘셉트 디자이너, 원화가)는 비디오 게임에 나오는 모든 장면을 만들어요. 게임의 배경부터 캐릭터, 탈것까지 모두 말이죠. 대학에서 게임 그래픽 디자인을 전공하고, 게임 회사에서 일하고 있어요. 지금 작업하고 있는 게임은 동물들이 카트 경주를 하는 게임이에요. 정말 재밌을 거예요!

게임을 만들 때는 팀워크가 무척 중요해요. 우리가 만드는 게임이 실제로 구현될 때까지 기획자, 디자이너 등 여러 동료들과 아주 긴밀하게 소통하며 일해요.

## 1

오늘은 게임 캐릭터를 만들 거예요. 게임 기획자, 시나리오 작가, 다른 디자이너들과 게임 캐릭터에 대해 회의해요. 게임이 진행되는 동안 그림 스타일이 동일하게 유지되어야 하기 때문에 전체 콘셉트를 다시 한번 확인해요.

## 2

몇몇 동물 캐릭터들을 조사해요. 참고 자료를 찾아보는 건 중요해요. 우선 기린 캐릭터를 그리기로 했어요. 인터넷에서 기린 사진을 찾아보고 스케치할 때 참고해야겠어요.

## 3

점심 식사를 한 뒤 기린 캐릭터를 50개 정도 스케치해요. 엄청 많은 것 같지만 한 개를 그리는 데 1분 정도밖에 안 걸려요. 내일 아트 디렉터에게 이 그림들을 보여 줄 예정이에요. 아트 디렉터가 하나를 고르면 컴퓨터 3D 모델링 프로그램을 이용해서 캐릭터를 그릴 거예요.

## 4

오후 내내 3D 모델링 프로그램을 이용해서 배경에 사용할 현수막과 캐릭터들이 들고 있을 깃발 같은 소품을 그려요.

## 5

집으로 가서 저녁을 먹고 조깅을 하러 나가요. 그리고 친구를 만나서 비디오 게임을 해요! 게임을 연구하는 중이라고 스스로에게 말하면서 말이죠.

### 일의 장점과 단점

**장점 :** 다양한 전문가들과 팀을 이뤄서 일하는 것이 좋아요.

**단점 :** 빡빡한 마감 기한을 맞춰야 해서 스트레스를 많이 받기도 해요.

# 미술 치료사

미술 치료사는 미술 활동을 통해 사람들이 자신의 내면세계를 표현하고 감정을 조절하며 마음의 문제를 해결하도록 도와주는 직업이에요. 성취감이 높은 직업이죠. 저는 대학에서 미술을 전공하고, 미술 치료로 석사 학위를 받은 후 자격증을 취득했어요. 미술을 통해 사람들을 돕는 이 직업을 정말 사랑해요.

미술 활동은 불안감을 줄여 주고, 마음을 편안하게 만들고, 자신감을 불어넣어 줘요. 미술 치료는 한 사람과 진행하기도 하고 여러 사람과 함께하기도 해요.

## 1

스튜디오를 깔끔하게 정리하며 일을 시작해요. 첫 번째 수업은 여러 명의 아이들과 함께 진행할 거예요. 아이들이 사용할 종이, 물감, 크레용, 찰흙 등의 재료를 준비해요.

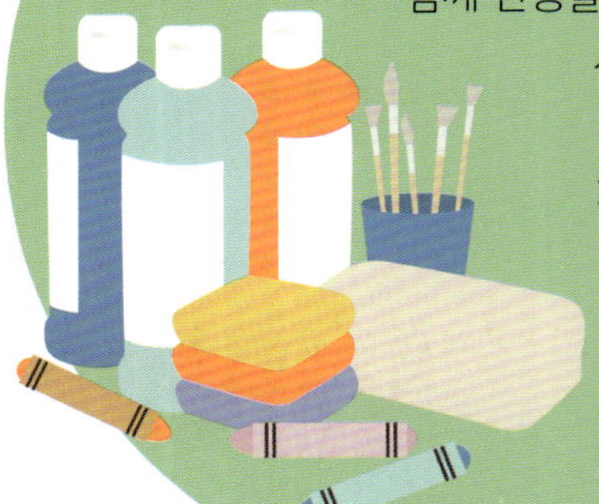

## 2

아이들이 도착했어요. 아이들에게 행복한 장소의 이미지를 만들어 보자고 이야기해요. 행복한 장소를 떠올려 보라고 하고 잠시 조용히 앉아 있어요. 그러고 나서 이제 작품을 만들어요!

## 3

아이들이 작품을 다 만들고 나면 한 명씩 이야기를 나눠요. 각자 만든 작품을 보며 어떤 느낌이 드는지 이야기하도록 해요. 제 일에서 가장 중요한 건 잘 듣는 거예요. 그래서 아이들이 편안하게 말하게끔 유도해요.

### 일의 장점과 단점

**장점 :** 미술 치료를 통해 고객의 기분이 나아졌다면 그 효과가 오래 지속될 거예요.

**단점 :** 수업 없이 며칠 동안 서류 작업만 할 때도 있어요.

## 4

수업이 끝나고 아이들에게 인사해요. 수업에 대한 기록을 적다 보니 오전 시간이 다 지나갔네요. 기록을 자세하게 남기는 것은 수업이 진행되면서 고객들에게 어떤 변화가 있는지 확인하는 데 중요한 역할을 해요. 어떤 활동이 도움이 되는지를 파악하면 다음 수업에 그 내용을 반영할 수 있어요.

## 5

의사 선생님 한 분이 전화를 했어요. 자기 환자에게 미술 치료가 도움이 될 것 같다고 하네요. 다음 주에 빈 시간이 있어서 그때 같이 수업을 진행하기로 하고 전화를 끊어요. 그 환자를 만날 일이 기대되네요.

## 6

이제 새로운 고객을 만날 시간이에요. 고객이 긴장한 것 같아서 긴장할 필요가 없다고 알려 줘요. 평가를 하는 수업이 아닐 뿐더러 맞거나 틀린 게 있는 것도 아니고, 미술 지식이 없어도 괜찮다고 설명해요. 우리가 오늘 사용할 다양한 종류의 미술 재료를 보여 주며 수업을 시작해요.

## 7

미술 작품을 보여 주며 어떤 느낌이 드는지 물어봐요. 대답을 들으면 그 사람의 기분을 이해할 수 있어요. 감상했던 작품을 바탕으로 종이에 그림을 그려 보도록 용기를 북돋아 줘요. 고객이 조금 편안해진 것 같아요. 스스로 즐기고 있는 것 같기도 해요!

## 8

이제 근무 시간이 끝났어요. 하지만 스튜디오에 조금 더 머물며 미술 활동을 해요. 음악을 들으며 다양한 재료로 콜라주 작품을 만들어요. 미술 활동을 통해 나 자신을 표현하는 일은 저에게도 좋은 일이에요.

# 미술사학자

박물관에서 미술사학자로 일하고 있어요. 정말 흥미롭고 매력적인 직업이에요. 매일 놀라운 미술 작품을 봐요. 미술 작품을 조사하고, 새로운 것을 배우고, 그 내용을 기록으로 남기고 다른 사람들에게 가르쳐 주기도 해요! 이 직업을 갖기 위해 공부를 많이 했어요. 미술사로 학사, 석사 그리고 박사 학위까지 받았어요.

박물관이 소유한 혹은 빌려 온 미술 작품에 대해 최선을 다해 알아보는 것이 제 일이에요. 대학에서 시간제로 강의도 하고 있어서 매일 많은 사람들과 이야기를 나눠요.

1

오늘 아침에는 아주 오래된 그림을 살펴보고 있어요. 그림에 금이 가 있고 세월의 무게가 느껴지네요. 그림을 잘 살펴보고 그 내용을 기록으로 남겨요. 보존복원전문가에게 그 기록을 전달할 거예요. 보존복원전문가는 미술 작품을 더 꼼꼼하게 검사하고 손상된 부분을 복원해요. 저는 박물관에 있는 작품들이 최상의 상태를 유지하도록 열심히 일해요. 우리의 미래 세대들도 이 작품들을 즐길 수 있도록 말이죠!

2

박물관에 기증된 조각품을 연구해요. 이 조각품을 연구하게 되다니 정말 흥미로워요! 이 작품을 가지고 있던 이전 소유자들이 누구였는지 알아보는 중이에요. 그래서 조각품과 같이 받은 서류를 읽어요.

3

조각품을 만든 작가의 다른 작품을 소장하고 있는 박물관에 전화를 걸어요. 그 박물관에서 저를 초대한다고 해요. 박물관에 방문하면 서로가 가진 작품 관련 문서를 비교할 예정이에요. 기대되네요! 미술에 대한 열정을 가진 사람들을 만나는 일은 늘 즐겁답니다.

## 4

점심 식사를 하고 회의에 참석해요. 큐레이터, 아트 디렉터와 함께 올해 구입할 예정인 미술품에 대해 의논하는 회의예요. 어떤 작품은 살 예정이고 어떤 작품은 기증을 받거나 다른 박물관에서 빌려 오려고 해요. 전시 일정을 언제 웹사이트에 공지할지도 이야기 나눠요. 미리 홍보를 하면 신규 관람객들이 우리 박물관에 많이 방문하게 될 거예요!

## 5

강의를 하러 대학으로 가요. 요새 중세 미술에 대해 강의하고 있는데, 학생들에게 보여 줄 멋진 작품들을 준비했어요. 중세 미술은 가장 가르치기 좋아하는 과목이에요. 인간이 언제나 미술을 좋아했다는 사실을 보여 주거든요.

## 6

강의를 시작해요. 오늘은 중세 시대의 태피스트리에 대해 강의할 거예요. 태피스트리는 여러 가지 색실로 그림을 짜 넣은 직물이에요. 벽에 걸어 장식용으로 사용하기도 했고 이야기를 전달하는 용도로 사용되기도 했어요. 강의를 마치고 학생들의 질문을 받아요.

## 7

일을 마무리할 시간이에요. 답장을 해야 할 메일이 남았나 확인해요. 미술의 역사와 관련된 대규모 회의에서 강연을 해 달라는 메일이 왔어요. 우리 박물관에 소장되어 있는 작품에 관해 이야기해 주었으면 한다고 하네요. 기쁜 마음으로 강연 제의를 받아들여요!

### 일의 장점과 단점

**장점:** 하루 종일 멋진 미술품들을 볼 수 있어요. 더 바랄 게 없죠!

**단점:** 빌려 온 미술품을 반납해야 할 때 아쉬워요. 우리 박물관이 소장하면 좋을 텐데!

# 미술품 감정사

어릴 때 할머니가 모은 골동품들을 보고 그 매력에 푹 빠졌어요. 지금 저는 고미술품을 감정하는 일을 하고 있어요. 사람들이 의뢰한 미술품을 조사하고 가치를 평가하죠. 대학에서 미술사를 전공한 후, 골동품 가게에서 몇 년간 일했어요. 일을 하다 보면 믿을 수 없을 만큼 멋진 작품을 만나기도 해요!

사람들은 자신이 가진 미술품의 가치를 알고 싶어 해요. 팔거나 보관하기 위해서 말이지요. 미술품을 보관할 때 잃어버리거나 도둑맞으면 큰 손해를 볼 수 있으니 미리 보험에 가입하려고 해요. 바로 그때 미술품 감정사가 필요하죠!

## 1

조각품을 감정해 달라는 의뢰가 들어왔어요. 그 조각품은 멋진 아르 데코 스타일이에요. 아르 데코는 1920년대부터 1930년대 사이에 파리를 중심으로 유행했던 장식 미술의 한 양식이에요. 조각품을 감정하기 위해 제가 며칠 동안 맡아 두기로 했어요.

## 2

조각품의 가치를 평가하기 위해 제일 먼저 현재 상태를 확인해요. 깨지거나 긁힌 곳 없이 잘 보관된 것 같네요! 상태가 좋을수록 미술품의 가치는 높아져요.

## 3

조각품을 만든 예술가와 작품에 대한 정보가 담긴 문서를 살펴봐요. 그리고 그 예술가의 작품이 현재 얼마에 팔리고 있는지 찾아봐요. 자료를 많이 찾아봐야 조각품이 얼마만큼의 가치가 있는지 잘 판단할 수 있어요.

## 4

근무 시간이 끝날 즈음, 한 고객에게 전화가 왔어요. 내일 방문해서 그림 감정을 하기로 했어요. 이 고객은 몇 년 전에 같은 그림을 가지고 와서 아주 고가의 그림이라는 감정을 받았어요. 시간이 지나서 지금은 그림의 가치가 더 높아졌을 것이라고 기대하고 있죠. 물론 꼭 그렇지 않을 수도 있어요. 미술품 감정사는 현재의 가치를 정확하게 평가하고 솔직하게 말해야 해요.

### 일의 장점과 단점

**장점 :** 미술품이 높은 가치가 있다고 말했을 때 고객들의 얼굴에 떠오르는 미소를 보는 일이 정말 즐거워요.

**단점 :** 감정을 잘못해서 제 생각보다 훨씬 싼 미술품이라는 것을 알게 되기도 해요.

## 5

일을 마무리하고 전시회를 보러 가요. 우리 지역에서 활동하는 예술가들을 많이 알고 있어서 전시회에 자주 초대를 받아요. 저는 고미술품에 푹 빠져 있기는 하지만 새로운 미술 작품을 보는 것도 좋아한답니다!

# 미술품 경매사

미술품 경매를 진행하는 일을 하고 있어요. 경매는 물건을 사려는 사람이 여럿일 때 사람들이 가격을 제시해서 가장 높은 가격을 제시한 사람에게 물건을 파는 일이에요. 대학에서 미술사를 전공하고, 미술품 경매 회사에 입사해 교육을 받은 후 경매사로 일하게 되었어요. 오늘은 경매가 있는 날이에요. 빨리 경매장에 가고 싶네요!

미술품 경매사는 많은 사람들 앞에서 작품을 설명하고 행사를 진행해야 하기 때문에 담대함과 순발력이 중요해요. 처음으로 경매장에 섰을 때는 좀 무섭기도 했지만 지금은 흥미진진한 일이 되었어요!

## 1

오늘 경매를 진행할 미술품의 목록을 확인하고 관련 자료를 살펴봐요. 사람들에게 작품들에 대해 설명해야 하니까요.

## 2

각 미술품의 예상 가치를 검토하고 얼마에 팔아야 하는지 알아 둬요. 미술품을 경매에 내놓은 소유주가 제시한 최저가가 있는데, 그 가격이 바로 경매 시작가예요.

## 3

미술품 경매사들은 각자의 개성을 살린 멘트와 독특한 말하기 스타일로 경매 참가자들의 시선을 끌어요. 저는 마구 수다를 떠는 스타일이라서 아주 빠른 속도로 말을 해요. 경매가 시작되기 전에 물도 마시고 발성 연습도 해요.

## 4

자, 이제 경매를 시작할 시간이에요! 제일 먼저 판매할 작품은 조각품이에요. 그 조각품의 역사와 조각가에 대해 설명해요. 미리 정한 최저가에서 경매를 시작해요. 참가자들이 번호표를 들어 경매 참가 의사를 밝혀요. 경매 가격을 큰 소리로 외쳐서 모든 사람이 흐름을 잘 따라오도록 이끌어요. 한 사람이 가장 높은 가격을 제시했어요. 더 이상 높은 가격을 부르는 사람이 없으면 작은 망치를 두드려 그 작품이 팔렸다고 선언해요.

## 5

경매는 모든 작품이 판매될 때까지 같은 방식으로 진행돼요. 행사가 끝까지 순조롭게 진행되었어요. 멋진 행사였죠!

## 일의 장점과 단점

**장점:** 경매를 진행하다 보면 사람들이 점점 더 긴장하고 흥분하는 것을 느낄 수 있어요. 특별한 경험이죠.

**단점:** 동시에 여러 사람의 말을 듣고 반응하는 게 쉽지 않아요.

# 상주 예술가

저는 화가예요. 이번 달에는 자연사 박물관에서 상주 예술가로 근무하고 있어요. 한 달 동안 박물관에 고용되어 이곳을 방문하거나 여기에서 일하는 사람들, 박물관의 모습과 전시된 것들을 보고 그림을 그리고 있어요. 몇 년 동안 전업 화가로 활동하다가 박물관에서 상주 예술가를 뽑는 걸 보고 지원했죠!

상주 예술가는 전 세계의 박물관, 문화원, 극장, 학교 등 다양한 곳에서 활동해요. 머무르는 곳은 다르지만 흥미로운 일을 하죠.

## 1

오늘 첫 번째로 할 일은 박물관에 온 방문객들을 스케치하는 일이에요. 주변을 관찰하고 스케치하는 것은 화가로서 항상 하는 일이지만, 오늘은 뭔가 새로운 아이디어들이 떠오르기를 바라고 있어요.

## 2

방문객들이 도착했어요. 상주 예술가에 대해 간략하게 설명하고 그림을 그려도 되는지 물어봐요. 모두 좋다고 해서 전시물을 감상하는 방문객들의 모습을 스케치해요.

## 3

다음으로 공룡의 뼈가 전시되어 있는 전시실로 가서 그림을 그려요. 박물관 관장님이 전시실을 그려 달라고 하기는 했지만, 어떤 그림을 그릴지에 대한 선택의 폭은 아주 넓어요. 관람객들이 말을 거는 경우가 많아서 작업 속도는 느린 편이에요. 하지만 관람객들에게 제 작업에 대해 설명하는 것 또한 이 일의 한 부분이라서 즐기면서 일하고 있어요.

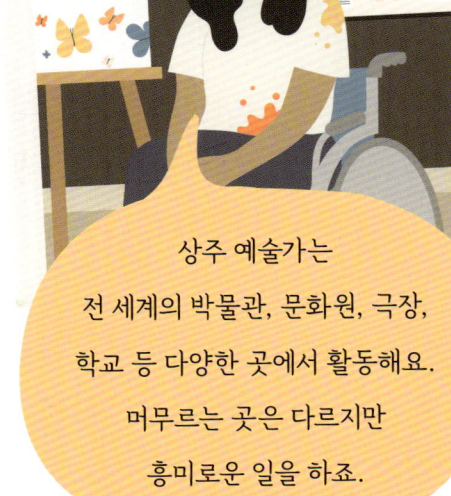

## 4

그림을 그리는 것뿐만 아니라 박물관에 상주하면서 경험하는 일을 글로 써서 박물관 웹사이트에 올리는 것도 제가 해야 할 일이에요. 점심을 먹으면서 오늘 한 일에 대해 간단히 적고, 다음에 쓸 글에 대해서도 짧게 적어요.

## 5

박물관 측에서 아직 전시되지 않은 표본을 볼 수 있는 기회를 주었어요. 그 표본들을 스케치하고 사진을 찍어요. 새로운 영감이 샘솟네요! 공개되지 않은, 일반적으로 접하기 힘든 무언가를 마주하는 순간은 이 일을 좋아하는 이유이고 영광스러운 특권이죠.

## 6

여러 명의 학생들과 수업을 진행해요. 학생들에게 박물관을 둘러보고 가장 마음에 들었던 것을 그려 보라고 해요. 정말 재미있네요! 아이들이 모두 다른 것을 그렸거든요. 아이들이 상상력을 발휘해서 그림을 그리도록 도와주는 일은 무척 즐거워요.

## 일의 장점과 단점

**장점 :** 제가 만든 작품이 다른 사람에게 영감을 줄 수 있다는 점이 기분 좋아요.

**단점 :** 여기서 오래 일하고 싶은 마음인데 짧은 기간에 끝나는 일이라서 아쉬워요.

## 7

관장님을 만나서 그동안 진행한 일에 대해 가볍게 이야기를 나눠요. 아직 전시되지 않은 표본을 보면서 새로운 영감을 받았고 그림으로 그리고 싶다고 말해요. 관장님은 좋은 아이디어라고 격려해 주었어요. 어서 빨리 그림을 그리고 싶어요!

# 갤러리 관장

작은 갤러리를 운영하고 있어요. 훌륭한 미술 작품을 골라 전시하고, 미술 작품을 고객에게 판매하고, 직원들을 관리하는 등 여러 가지 일을 하고 있어요. 대학에서 예술 경영을 전공하고 대학원에서 미술사로 석사 학위를 받았어요. 갤러리를 경영하려면 사람들과 대화를 잘해야 하고 사람들이 좋아할 만한 작품을 고르는 안목이 있어야 해요.

미술관은 사람들이 즐겁게 감상할 수 있는 미술품을 전시하는 곳이에요. 반면 상업적인 갤러리는 사람들이 구입할 수 있는 미술품을 전시하는 곳이죠. 작품이 팔리면 갤러리와 예술가 모두 돈을 벌어요.

**1**

음악을 들으며 고객을 맞이할 준비를 해요. 오전 8시 45분에 직원들이 출근하고 10시에 갤러리 문을 열어요.

**2**

오늘 오전에는 갤러리가 한산해서 신인 작가가 보낸 포트폴리오(작품집)를 보며 시간을 보내요. 화가를 발굴하기 위해 작가가 보낸 포트폴리오를 살펴보기도 하고 미술 대학을 방문하거나 예술가들이 직접 여는 전시회를 다녀오기도 해요. 포트폴리오를 보니 작품이 마음에 들기는 하지만 이미 가지고 있는 작품과 비슷한 점이 많아서 선택하지 않기로 해요.

**3**

고객들에게 보낼 뉴스레터(소식지)를 만들어요. 뉴스레터에는 판매 중인 새로운 미술품들에 대한 정보를 실어서 사람들이 관심을 가질 수 있게 해요. 단골 고객들과 꾸준히 연락하는 건 아주 중요해요. 신인 작가가 유명인들을 아름답게 그린 초상화에 대해 소개하는 글을 적어서 뉴스레터를 메일로 보내요.

## 4

오후에는 갤러리가 바빠졌어요. 한 고객이 새로 입주하는 집에 어울리는 그림을 찾고 있어요. 어떤 그림을 좋아하는지 물어보고 고객에게 꼭 맞는 그림을 권해 주려고 해요. 잘 듣는 건 제 일에서 무척 중요해요. 고객의 말을 잘 듣고 원하는 작품을 고를 수 있게 도와주어야 하거든요. 밝은색을 좋아한다고 해서 취향에 맞는 그림을 보여 주었어요. 마음에 쏙 든다며 바로 구매하겠다고 하네요.

## 5

갤러리는 5시에 문을 닫지만 할 일이 남았어요. 오늘 저녁에 후원하는 작가의 전시회를 열거든요. 새로운 작품을 공개하기 위해 매달 이렇게 전시회를 열어요. 작가의 작품에 관심을 가지고 구매할 만한 단골 고객들을 초대했어요. 6시에 행사가 시작될 예정이라, 직원들과 손님을 맞을 준비를 해요. 의자 몇 개를 꺼내 놓고 오늘 소개할 작품들을 가장 눈에 띄는 곳에 전시해요.

## 6

오늘의 주인공인 작가가 도착했어요. 이 작가는 그래피티 아티스트예요. 스프레이 페인트를 이용해서 그림을 그리죠. 작가는 사람들에게 자기 작품에 대해 소개하려고 준비해 왔어요. 저는 작가에게 행사를 어떻게 진행할지 간략히 알려 주고 가볍게 수다를 떨어요. 이제 6시가 되어 전시회를 시작해요. 손님들을 반갑게 맞이해요. 붙임성 있게 사람들을 대하는 것은 아주 중요해요. 사람들이 전시회를 기분 좋게 경험해야 다시 갤러리에 방문하고 싶은 마음이 드니까요.

## 7

갤러리에 사람들이 가득 찬 것을 보니 기분이 좋아요! 사람들에게 오늘의 작가를 소개해요. 작가는 밝은 형광색을 이용해서 재미있어 보이는 작품을 어떻게 만들게 되었는지 설명해요. 듣다 보니 정말 매력적인 작품이라는 생각이 드네요. 작가의 설명이 끝나고 나서, 저는 최대한 많은 사람들과 지금 판매하고 있는 작품에 대해 이야기를 나눠요. 작품을 사고 싶어 하는 사람들에게 추천도 하고 말이죠.

## 일의 장점과 단점

**장점 :** 끊임없이 활동적으로 일해야 해요. 바쁜 걸 좋아하는 사람에게는 멋진 직업이에요!

**단점 :** 작품이 팔리지 않아 조용히 몇 주를 보내기도 해요. 그럴 때면 걱정이 많이 된답니다.

## 8

드디어 행사가 끝나고 갤러리가 조용해졌어요. 작가의 말에 감명을 받은 고객들 덕분에 작품이 모두 팔렸어요. 판매 내역을 기록하며 일을 마무리해요. 오늘 전시회는 대성공이에요!

# 산업 디자이너

자전거와 관련 용품을 만드는 회사에서 산업 디자이너로 일하고 있어요. 산업 디자이너는 생활에 필요한 다양한 제품의 모양과 구조, 기능을 디자인해요. 대학에서 산업 디자인을 공부한 뒤 이 일을 시작하게 되었어요.

산업 디자이너들은 헤어드라이어, 조리 기구, 스마트폰, 자동차 등 온갖 종류의 제품을 디자인해요.

## 1

오늘은 지난 몇 달 동안 작업한 자전거의 바구니를 디자인하려고 해요. 먼저 바구니를 스케치해요.

## 2

스케치를 '캐드'라는 컴퓨터 프로그램으로 옮겨요. 캐드를 이용하면 3D 모델을 만들 수 있고 다양한 각도와 관점에서 디자인을 살펴볼 수 있어요. 캐드는 치수를 기록해서 나중에 제품을 실제로 만들 때 공장에 자료를 넘기기에도 편리해요.

## 3

오후에는 바구니 디자인을 보완해요. 바구니의 모서리를 매끈하고 둥글게 처리하고 조금 더 보기 좋고 편리하게 디자인을 수정해요. 제품을 구매하려는 사람이 보았을 때 제품이 매력적으로 느껴지게 만드는 게 제 일에서 가장 중요해요.

## 4

바구니를 자전거에 고정할 부품을 만들고 작업을 마무리해요. 내일 우리 팀 디자이너들에게 디자인을 보여 주고 의견을 모아서 수정할 부분이 있으면 고칠 예정이에요. 그다음에는 자전거와 바구니의 시제품을 만들 거예요. 빨리 보고 싶네요!

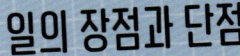

## 일의 장점과 단점

**장점 :** 정말 멋진 최첨단의 컴퓨터 프로그램을 맘껏 사용해요.

**단점 :** 시제품까지 만들었는데 디자인을 바꿔야 하는 경우도 있어요. 그럼 다시 작업해야 하죠.

# 텍스타일 디자이너

아동복 회사에서 일하고 있어요. 천에 프린트되는 패턴을 디자인해요. 창의력이 풍부해야 하는 일이죠. 대학에서 텍스타일 디자인을 공부했는데 다양한 재료를 다루는 방법을 배웠어요. 그 후 회사에서 인턴으로 일하다가 정직원이 되었어요.

텍스타일 디자이너는 의복뿐만 아니라 소파, 쿠션, 카펫, 커튼 등에 쓰이는 직물도 디자인해요.

## 1

오늘은 티셔츠의 패턴을 디자인할 거예요. 먼저 아동복 트렌드를 조사해요. 요즘 다른 회사들이 어떤 작업을 하고 있는지 찾아보고, 유행하는 스타일과 색깔, 주제가 무엇인지 소셜 미디어를 통해 알아봐요. 자료를 종합해 보니 해변을 연상시키는 이미지가 고객들에게 인기 있을 것 같아요. 정말 재미있는 작업이 될 거예요.

## 2

몇 시간 동안 무드보드를 만들어요. 무드보드는 하나의 보드에 천, 사진, 그림 등을 콜라주 해서 생각하는 분위기를 표현하는 거예요. 무드보드에 해변을 연상시키는 색깔인 파란색, 노란색, 초록색의 천 견본을 붙여요. 조개껍데기, 조약돌, 모래 그림도 붙여요.

## 3

무드보드를 옆에 두고 스케치를 시작해요. 낙서를 하듯 작은 그림 여러 개를 그려요. 이 그림들로 나중에 큰 패턴을 만들 거예요. 조개껍데기, 물풀, 물고기, 문어 등 바다와 관련된 것들을 많이 그려요.

## 4

오후에는 동료들에게 아까 그린 그림을 보여 줘요. 다들 문어 그림을 좋아해서 조금 더 섬세하게 그려요. 티셔츠는 면으로 만들 예정인데, 무드보드를 보니 모래의 거친 질감이 생각나네요. 면 티셔츠에 패턴을 인쇄할 때 질감을 추가할 수 있는 방법이 있는지 공장에 물어봐야겠어요.

## 5

그림을 스캔해서 컴퓨터에 업로드해요. 작은 그림이 반복되는 패턴을 만들어요. 내일은 마케팅 팀과 영업 팀에 디자인을 보여 주고 의견을 물을 거예요. 다들 좋아해 주기를 바라요!

## 일의 장점과 단점

**장점 :** 창조적인 과정과 영감을 주는 것들을 모으는 걸 좋아해요.

**단점 :** 사용하고 싶은 원단과 질감을 구현하는 작업 비용이 너무 비싼 경우도 있어요.

# 내게 가장 어울리는 직업은?

직업이 많아서 고르기 힘든가요? 내 성격과 소질, 관심사를 생각해 보고 자신에게 잘 맞는 직업을 찬찬히 골라 봐요.

## 무엇을 잘하나요?

### 사람들과 소통을 잘해요

- 몽타주 전문가
- 미술 치료사
- 사진작가
- 미술 교사
- 미술품 범죄 수사관

*사람들과 이야기하는 걸 좋아한다면 이 직업들을 고려해 봐요.*

### 꼼꼼해요

- 광고 아트 디렉터
- 미술품 감정사
- 건축가

*작은 부분까지 세심하게 잘 챙기는 사람들에게 어울리는 직업이에요.*

### 기계에 소질이 있어요

- 게임 기획자
- 테크니컬 일러스트레이터
- 그래픽 디자이너
- 산업 디자이너

*컴퓨터를 잘 다룬다면 이 직업을 추천해요.*

### 계획을 잘 세우고 실행해요

- 인테리어 디자이너
- 갤러리 관장
- 미술관 큐레이터

*계획을 잘 세우고 조직적으로 일하는 게 중요한 직업들이에요.*

### 손재주가 있어요

- 텍스타일 디자이너
- 가구 제작자
- 벽지 디자이너
- 세트 디자이너

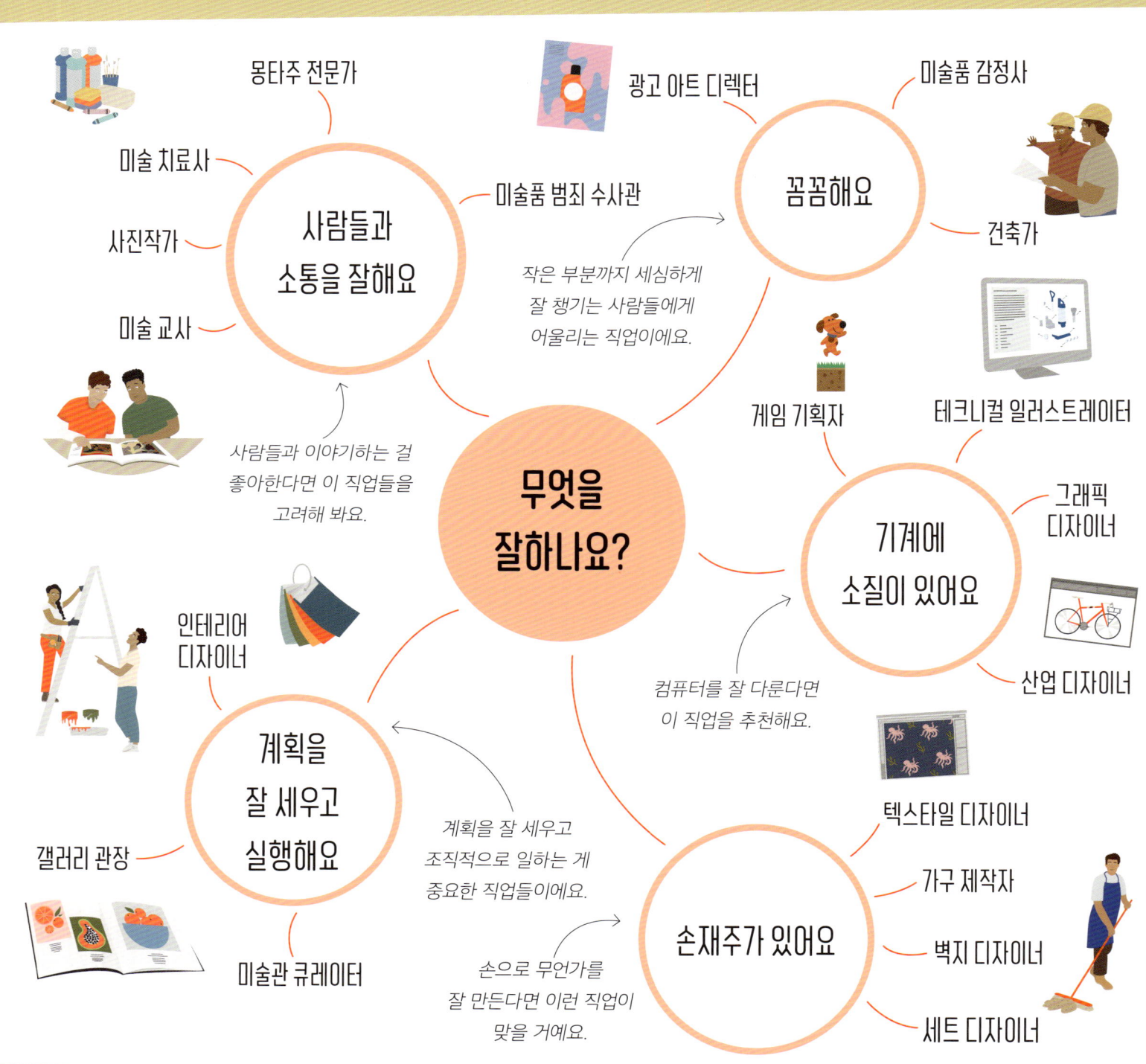

*손으로 무언가를 잘 만든다면 이런 직업이 맞을 거예요.*

## 성격은 어때요?

### 호기심이 많아요

- 미술품 감정사
- 미술사학자

- 미술품 범죄 수사관

*질문하는 걸 좋아한다면 이런 직업이 어울려요.*

### 자신감이 있어요

- 광고 아트 디렉터
- 미술품 경매사

- 미술 교사

*앞장서서 사람들을 이끄는 걸 좋아한다면 이 직업을 고려해 봐요.*

### 독립적이에요

- 예술가
- 어린이책 삽화가

*혼자서 일하는 것을 좋아한다면 이런 직업이 좋아요.*

### 인내심이 많아요

- 게임 기획자
- 산업 디자이너
- 건축가

*시간이 걸려도 뭔가를 제대로 해내는 것을 중요하게 생각하는 사람에게 어울리는 직업이에요.*

## 관심사와 목표는 무엇인가요?

### 사람들을 돕는 일
- 미술 교사

- 미술 치료사

- 몽타주 전문가

*사람들을 도와주는 것을 좋아한다면 이런 직업이 잘 맞을 거예요.*

### 작품 만들기

- 예술가
- 가구 제작자

- 벽지 디자이너
- 텍스타일 디자이너
- 상주 예술가

*생각한 것을 실제로 만드는 것을 좋아하는 사람에게 추천하는 직업이에요.*

### 새로운 사람 만나기
- 사진작가

- 미술관 큐레이터
- 갤러리 관장

*새로운 친구를 사귀는 것을 좋아하는 사람에게 잘 맞는 직업이에요.*

# 또 다른 직업을 알고 싶나요?

지금까지 다양한 직업을 살펴봤는데, 미술과 관련된 직업은 이 밖에도 아주 많답니다. 미술을 좋아하는 사람을 위한 흥미로운 직업들을 더 소개해 볼게요.

## 메이크업 아티스트

메이크업 아티스트는 화장을 통해 사람들의 얼굴을 돋보이게 만들어요. 고객이 원하는 대로 상황과 분위기에 맞게 화장을 해 주지요. 분야에 따라서 뷰티 메이크업, 웨딩 메이크업, 무대 메이크업, 광고 메이크업 등으로 분류돼요. 미술과 패션을 좋아하고 다른 사람과 함께 일하는 것을 좋아하는 사람에게 잘 맞는 직업이에요.

## 케이크 데코레이터

케이크 데코레이터는 베이킹 기술을 사용해 케이크를 굽고 예술적 감각을 이용해 케이크를 아름답게 장식해요. 아주 작은 부분까지 세심하게 살피고, 손과 눈의 협응력이 뛰어난 사람에게 잘 맞는 직업이에요. 미술과 디자인에 관심이 많고 꾸미는 걸 좋아하는 사람에게 잘 어울리죠.

## 만화가

만화가는 신문이나 인터넷을 통해 만화를 연재하기도 하고 만화책을 출판하기도 해요. 그림 실력과 독특한 그림 스타일, 자신만의 이야기를 만드는 능력을 가지고 있어야 해요. 요즘은 웹툰이 큰 인기를 끌고 있어요.

## 보석 세공사

보석 세공사는 반지, 팔찌, 귀걸이 등에 쓰이는 보석을 가공해요. 보석을 디자인하기도 하고 도구를 이용해서 모양을 만들고 무늬를 새겨요. 아주 값비싼 보석과 귀금속을 다루기도 해요. 꼼꼼하고 무언가를 만드는 것을 좋아하는 사람에게 잘 맞는 직업이에요.

## 패션 스타일리스트

패션 스타일리스트는 고객에게 적합한 의상과 장신구를 조화롭게 연출해 줘요. 최신 트렌드를 파악하고 다양한 종류의 옷과 신발, 가방, 액세서리 등을 잘 알아야 해요. 연예 기획사, 홈쇼핑, 편집숍 등에서 일하기도 하고, 프리랜서로 개별 고객을 위해 일하기도 해요. 옷과 패션을 사랑하는 사람에게 완벽한 직업이에요.

## 조경사

건축가가 건물의 구조를 설계한다면 조경사는 정원, 공원, 골프장 같은 야외 공간을 디자인해요. 그림 실력과 계획성, 건축과 엔지니어링에 대한 지식, 원예(식물을 심고 가꾸는 일)에 대한 경험이 필요해요.

## 북디자이너

북디자이너는 책의 표지와 본문을 편집하고 디자인해요. 책 표지는 사람들이 책에 관심을 갖게 하고 읽게 만들어요. 책 표지는 매력적으로 보여야 하고 책의 내용을 담고 있어야 해요. 북디자이너는 편집자, 삽화가와 함께 협력해서 멋진 디자인을 만들어요. 다른 사람과 잘 소통하고 디자인 프로그램을 잘 다뤄야 하죠.

**글 수지 호지**
작가이자 화가, 미술사학자입니다.
미술의 역사에 관한 많은 책을 썼고, 전 세계의 학교, 박물관, 미술관 등에서 강의를 하고 있습니다.
쓴 책으로 《디테일로 보는 현대미술》, 《디테일로 보는 서양미술》, 《쓰레기통도 미술이 될 수 있어요!》 등이 있습니다.

**그림 엘리스 게이넷**
영국에서 활동하는 일러스트레이터입니다. 그린 책으로 《돕는 사람이 좋다면 이런 직업!》이 있습니다.

**옮김 정정혜**
20년 넘게 수많은 아이들의 영어 수업을 지도해 온 어린이 영어 교육 전문가입니다.
현재 전국의 도서관과 문화센터에서 엄마표 영어 강의를 진행하며 책을 쓰고 있습니다.
쓴 책으로 《혼자서 원서 읽기가 되는 영어 그림책 공부법》, 《정정혜 샘과 함께하는 첫 영어 그림책》 등이 있습니다.

이런 직업 어때?

## 미술이 좋다면 이런 직업!

**글** 수지 호지 | **그림** 엘리스 게이넷 | **옮김** 정정혜

**초판 1쇄 펴낸날** 2023년 10월 3일 | **초판 2쇄 펴낸날** 2025년 1월 10일
**편집장** 한해숙 | **기획편집** 신경아 | **디자인** 최성수, 이이환 | **마케팅** 박영준 | **홍보** 정보영 | **경영지원** 김효순
**펴낸이** 조은희 | **펴낸곳** ㈜한솔수북 | **출판등록** 제2013-000276호 | **주소** 03996 서울시 마포구 월드컵로 96 영훈빌딩 5층
**전화** 02-2001-5822(편집), 02-2001-5828(영업) | **전송** 0303-3440-0108 | **전자우편** isoobook@eduhansol.co.kr
**블로그** blog.naver.com/hsoobook | **인스타그램** soobook2 | **페이스북** soobook2
**ISBN** 979-11-92686-83-7, 979-11-7028-719-3(세트)

**That's a job? I like art ... what jobs are there?**
Written by Susie Hodge and Illustrated by Elise Gaignet


어린이제품안전특별법에 의한 제품 표시
**품명** 도서 | **사용연령** 만 6세 이상 | **제조국** 대한민국 | **제조자명** ㈜한솔수북 | **제조년월** 2025년 1월

※ 값은 뒤표지에 있습니다.

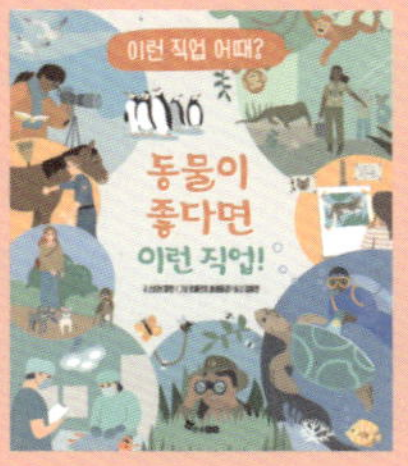


이런 직업 어때? ❶

동물이
좋다면
이런 직업!

이런 직업 어때? ❷

스포츠가
좋다면
이런 직업!

이런 직업 어때? ❸

우주가
좋다면
이런 직업!

이런 직업 어때? ❹

야외 활동이
좋다면
이런 직업!

이런 직업 어때? ❺

미술이
좋다면
이런 직업!

이런 직업 어때? ❻

누군가를
돕고 싶다면
이런 직업!

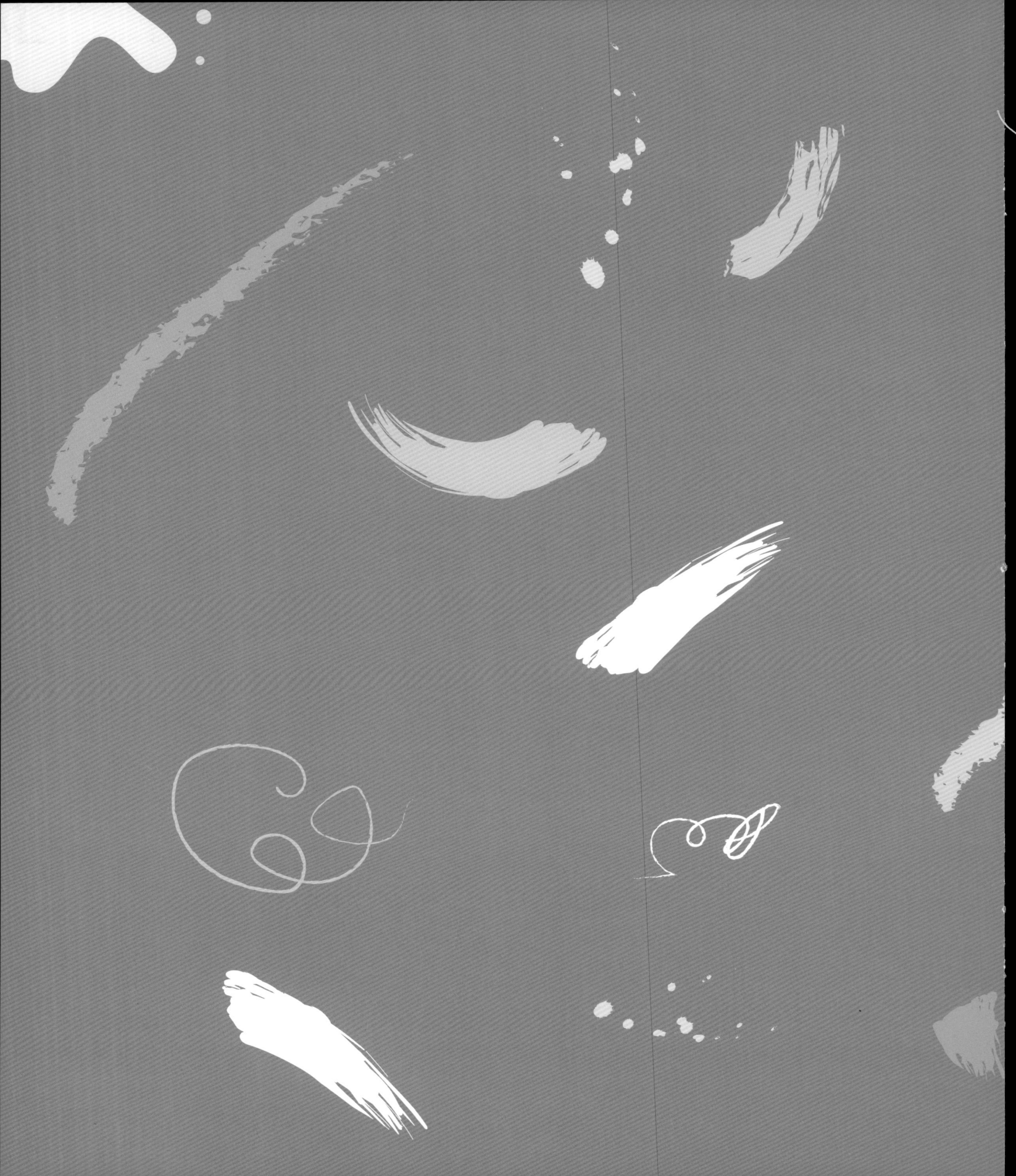